甘阳，1952 年生，杭州人。18 岁至 26 岁作为知识青年在北大荒劳动八年。"文革"结束后先后就学于黑龙江大学与北京大学。1985 年在北京创办"文化：中国与世界"编委会，主编之"现代西方学术文库"与"新知文库"等成为中国新生代学人开始主导思想学术界的标志。

1990 年代在美国芝加哥大学读书十年，随后在香港大学工作十年，并开始提倡推动中国大学的博雅教育与通识教育。2009 年全职加盟中山大学，创办中山大学博雅学院并任院长，兼任中山大学人文高等研究院院长，通识教育总监。2013 年协助重庆大学创办博雅学院兼任创院总监。2014 年协助清华大学创办新雅书院兼任创院总监。2017 年全职加盟清华大学，任新雅书院院长，清华大学教学委员会副主任，通识教育委员会主任。

现任清华大学新雅讲席教授，哲学系博士生导师，大学通识教育联盟秘书长。

甘阳

通三统

生活·读书·新知
三联书店

图书在版编目（CIP）数据

通三统 / 甘阳著. -- 2 版. -- 北京：生活·读书·
新知三联书店，2025. 8. --（甘阳集）. -- ISBN 978-
7-108-08011-0

Ⅰ．K203

中国国家版本馆 CIP 数据核字第 2025D59A70 号

责任编辑　周玖龄　冯金红
装帧设计　何　浩
责任印制　李思佳
出版发行　生活·讀書·新知 三联书店
　　　　　（北京市东城区美术馆东街 22 号　100010）
网　　址　www.sdxjpc.com
经　　销　新华书店
印　　刷　河北品睿印刷有限公司
版　　次　2025 年 8 月北京第 1 版
　　　　　2025 年 8 月北京第 1 次印刷
开　　本　880 毫米 × 1092 毫米　1/32　印张 5
字　　数　86 千字
印　　数　0,001－5,000 册
定　　价　68.00 元
（印装查询：01064002715；邮购查询：01084010542）

目 录

关于"通三统"

"通三统"本是中国古典思想传统中的一个基本概念，我近年借用这个概念，则是想用来讨论全球化时代中国文明主体性的一些问题。

在中国古典思想的脉络里，所谓"通三统"乃与孔子以来的"春秋大一统"理念相关。按清儒陈立在其《公羊义疏》中的解释，"春秋大一统"的理念至少包括以下三个方面的含义：

第一，"春秋大一统"是指在中国这个历史文明共同体内，人民具有共享的文化传统和习俗礼法，这就是陈立引《汉书·王吉传》那句名言所说："春秋所以大一统者，六合同风，九州共贯也。"用现代的语言讲，"春秋大一统"首先是指以往风俗各异的先民们在长期交往过程中逐渐形成共同的文化认同。没有这种共同的文化认同，也就不可能有任何历史文明共同体。

第二，"春秋大一统"是指中国这个历史文明共同体同时是一个统一的政治共同体，具有政治统一性而反对政治分裂，如陈立所说："《礼记·坊记》曰：天无二日，士无二王，国无二君，家无二尊，以一治也。即大一统之义也。"用现代政治学的语言讲，一个政治共同体必有统一的最高主权，不能有两个以上的主权，更不能允许有国中之国的现象，否则政治共同体就会分崩离析。

第三，"春秋大一统"同时是指中国这个历史文明共同体具有高度的历史连续性，表现为每一个后起的新时代能够自觉地承继融会前代的文化传统，这就是所谓"通三统"："大一统者，通三统为一统，周监夏商而建天统，教以文，制尚文。春秋监商周而建人统，教以忠，制尚贤也。"这个说法自然是脱胎于孔子的名言："周监于二代，郁郁乎文哉！"——周代虽然取代了商代和夏代，但却能自觉地承继融会夏商二代的传统，从而创造更高的文明。周代的这种"通三统"精神由于孔子的高度赞扬（"吾从周！"）而成为中国历史文明的基本传统，从而不但汉民族主导的汉、唐、宋、明各朝各代，而且少数民族入主中原的元代和清代，也都以"通三统"的方式自觉地承继融会中国历代积累的文明传统。假如不是这样，而是每个新起朝代都只认自己的新统而不认前代的旧统，那么中国历史文明必然早就中断，不可能延续到今天。唯其每个后起的新时代都能自觉地"通三统"，才有生生不息的中国历史文明连续统。

不过可以指出，"春秋大一统"的理念甚至还可以用来表达"世界大同"的理想。因为根据春秋公羊学中的"三世说"，到了所谓"太平世"的时候，就不再有中国和外国的区别，而是"天下远近大小若一"，全人类都成了亲亲爱爱的一家人了。晚清公羊学巨子康有为正是据此立论，提出中国人的"世界大同"观，在他看来，"春秋大一统"的理念就是"地球一统"，人类一家，所谓"奉天合地，以合国合种合教一统地球"。在这样的"大同之世"，天下将"无国土之分，无种族之异，无兵争之事，则不必划山为塞，因水为守，……铁道横织于地面，汽球飞舞于天空，故山水齐等，险易同科，无乡邑之殊，无僻闹之异，所谓大同，所谓太平也"（《大同书》）。这里可以注意，在这样的"全球太平世"，我们前面讲的"春秋大一统"的含义恰恰都被消解了，而且"通三统"也已经没有必要。因为在康有为看来，在"大同之世"，所有的历史文明传统，无论儒教、耶教还是回教都将烟消云灭，唯有"仙学和佛学"二者大行，因为人类那时已经"去乎人境，而入乎仙、佛之境"，所以"大同之后，始为仙学，后为佛学，下智为仙学，上智为佛学"——除了上智与下愚之别仍然不移外，其他所有的人间差异和不平等都将消失。

所谓"似曾相识燕归来"，进入21世纪的全球化时代，我们常常感觉仿佛又回到了百年前康南海苦思冥想"大同世界"的时代。晚近十余年来世界各地高人智士关于全球化时代的种种高论，其实并没有多少东西真正超越南海先生，即使最新颖的所谓电子信息世界和互联网时代将促进人类沟通云云，亦不过是悟到了康有为当年"因电机光线一秒数十万里，而悟久速齐同之理"，说到底仍然不脱"故山水齐等，险易同科，无乡邑之殊，无僻闹之异"那点道理。人们今天所向往的，自然仍是南海提出的"无国土之分，无种族之异，无兵争之事"的理想。而近年来学人们谈得最起劲的"话语"即所谓要"超越民族国家""克服民族国家"，或"去民族国家"等，其实都不如康有为当年拈出的"去国界合大地"来得更简明扼要，一语中的，而且气象上远没有康有为恢宏，立论更没有康有为之真正大公无私。今日重读《大同书》，不能不惊讶于南海圣人当年的"破除九界"说，几乎笼罩了今天的所有时髦话语——不但要"去国界合大地"即超克民族国家，而且要"去级界平民族"（今天所谓"超越族群之争"也），"去种界同人类"（今天所谓"超越种族差异"也），"去形界保独立"（今天所谓"超越性别差异"也），"去家界为天民"（以同居代替婚姻家庭，包括同性恋的权利），还要"去类界爱众生"（今天所谓"动物权利"或"猫狗鸟兽均与人平等"也），同时还包括"安乐死"的权利（"知其无救，则以电气尽之，俾其免临死呻吟之奇苦焉"）。而所有这些主张，如康有为所说，都是基于"天赋人权"这一个大道理。事实上我们可以发现，整个20世纪中国人都特别追求这种"环球同此凉热"的大同理想，正是这种理想追求使中国人先是接受了西方的共产主义，晚近又特别热烈地拥抱"全球主义"，乐观地相信现在的全球化必然会走向"全球太平世"。实际上，从向往世界大同，信仰共产主义，到拥抱全球主义，说到底都仍然是儒家"普世主义天下观"的传统使然。

但正如康有为本人当年相当清醒地指出的，在列强纷争的时代过早谈论"世界大同"，只能"陷天下于洪水猛兽"。本书作者从不敢作"全球太平世"之想，本书所谈自然非常狭隘，仅限于前述"春秋大一统"的三层意思，特别是其中的"通三统"之义。我以为全球化加速的今天，恰恰更加突出了"通三统"的重要性：唯有自觉地立足于中国历史文明的连续统中，方有可能在全球化时代挺拔中国文明的主体性。本书上篇初步提出了当代中国"通三统"的特殊含义，亦即认为今天特别需要强调，孔夫子的传统，毛泽东的传统，邓小平的传统，是同一个中国历史文明连续统。本书下篇所谈则是强调今天"通三统"需要通过教育特别是大学人文通识教育的努力，而促成当代中国人的文化自觉亦即形成中国文明主体性意识。本书中篇则提出了拉长时间和历史的维度来抗拒全球化带来的"空间化"困扰。所有这些都只是一些很不成熟的看法，有待方家指教。

新时代的"通三统"

中国三种传统的融会

2005年5月12日在清华大学的讲演

当代中国三种传统的并存

我们目前在中国可以看到三种传统，一个是改革二十五年来形成的传统，虽然时间很短，但是改革开放以来形成的很多观念包括很多词语都已经深入人心，成为中国人日常语言的一部分，基本上形成了一个传统。这个传统大致是以"市场"为中心延伸出来的，包括很多我们今天所熟悉的概念，例如自由和权利等。另外一个传统则是共和国开国以来，毛泽东时代所形成的传统，这个传统的主要特点是强调平等，是一个追求平等和正义的传统。我们今天可以看得出来，毛泽东时代的平等传统从1990年代中后期以来表现得非常强劲，90年代中期关于毛泽东时代就有很多的讨论，90年代后期以来这个平等传统更是非常强劲。这在十年前恐怕不大可能会想到，毛泽东时代的平等传统已经成为当代中国人生活当中的一个强势传统。最后，当然就是中国数千年形成的文明传统，即通常所谓的中国传统文化或儒家文化。中国传统文化常常难以准确描述，但在中国人日常生活当中的主要表现简单讲就是注重人情和乡情，这在中国现在的许多电视剧特别是家庭生活剧，以及讲结婚离婚的日常伦理剧中可以看得非常清楚。

以上三种传统的并存是中国社会特别是中国大陆非常独特的国情。如果我们以香港社会作为对照的话就可以看出，香港社会有上面说的第一种传统（市场和自由的传统）和第三种传统（高度注重人情乡情的传统），但香港社会没有上面说的第二种传统，即没有强烈追求"平等"的传统。因此，尽管香港社会是一个高度不平等的社会，也有很多人在努力改善这种不平等，但不平等的问题在香港从来没有成为一个引起激烈意识形态争论的问题。另一方面，如果我们以美国做对比的话则可以看出，美国有上面说的第一种和第二种传统，即自由和平等的传统都非常强烈，而且这两种传统之间的张力可以说就是美国的基本国情，但美国没有我们上面说的第三种传统，没有什么人情和乡情观念，更没有人情和乡情背后的一整套文化传统和文化心理。

但我们经常会看到，在当代中国的讨论当中，这三种传统似乎常常被置于一种互相排斥的状态，有些人会特别强调其中的一种传统而排斥其他的传统。大家可能都会感到，90年代以来中国社会充满着争论，这些争论有时候甚至影响到个人生活。已经有十几年友谊基础的好朋友，突然之间看法不太一样了，分歧很严重了以后，朋友都很难做下去，很伤感情。这就是因为一些比较大的争论，特别是涉及对毛泽东时代的看法分歧很大，而且争论特别容易情绪化。

这次演讲的主题"三种传统的融会与中华文明的复兴"，源于2004年年底《21世纪经济报道》年终特刊的一次采访。当时我说了一个很不成熟也很简单的看法，即认为我们今天需要重新认识中国改革成功与毛泽东时代的联系和连续性，重新认识整个传统中国的历史文明对现代中国的奠基性。我今天演讲的主题也就是要强调，孔夫子的传统，毛泽东的传统，邓小平的传统，是同一个中国历史文明连续统，套用从前中国公羊学的一个说法，就是我们今天要达成新时代的"通三统"。

何谓"中国文化问题"

现在大家对于中国传统文化的看法，似乎正面的肯定开始比较容易被接受了，至少在对中国传统文化的看法上如果有分歧，也不一定会引起那么强的感情纠纷。但这仅仅是最近两三年的事，以往一谈到中国传统文化就会争得剑拔弩张。

因为实际上所谓中国文化的问题，背后带出来的是一个中西文化的问题。谈中国文化意味着你怎么看西方文化，隐含着一种比较中国跟西方的看法，这就是贯穿整个20世纪的中西文化争论。一直到1980年代的时候，当时知识界的最大焦点是所谓"文化热"，文化热的主题就是又一次的"中西文化争论"。80年代文化争论的好处在于，它使当时知识分子重新接上了晚清以来中国知识分子对中国文明的问题意识，这就是所谓"三千年未有之大变"：晚清以后整个中国文明突然彻底地瓦解了，从头到尾地瓦解掉了，不但是政治制度瓦解、经济制度瓦解，而且文化和教育体系都全盘瓦解。由于整个中国传统文明被瓦解，因此20世纪以来，无论是关于中国还是西方的研究，中国人引用的权威都是西方的。我们或许也会提到孔夫子，但是并不把他作为一个权威。不过最近两年情况似乎开始有变化，2004年年底《南方周末》等国内几家报纸都说2004年是传统文化回归年。

今年是废除科举一百周年，我们今天的人很难想象废除科举是什么意思，废除科举对于当时的中国读书人是什么样的冲击。打一个比方，今天这里清华的学生，从小学考到初中，从初中考到高中，从高中考到大学，毕业的时候，突然下一个通知说，你们所有这些学的东西都是没有用的，你学了这些东西都找不到工作，你们会怎么样呢？你们肯定会疯了，有人恐怕会跳楼，这是非常震撼的。你们可以想见这样一种冲击吗？当时中国社会的瓦解是彻底性的、全面性的。

什么叫科举？今天的中国人已经习惯用轻蔑的眼光去看科举。但科举说到底是整个中国社会维持精英系统再生产最基本的机制。在传统中国，理论上只要是读书人就都会去考科举，能考上进士的诚然不会很多，但你只要是读书人，就会想着去考科举，你下意识中就已经认同了一整套中国传统精英的思想和生活方式。所以尽管你考不上进士，但也是中国社会的基层精英。而且你可以一年一年地考，从前中国传统考进士没有年龄限制，可以考到七八十岁。你考到七八十岁还没考上，皇帝见这么大年纪还没考上，或许赐你一个进士。为什么？因为要给社会的潜在精英永远存一个希望，如此就可以维持精英系统再生产的运作。从隋唐开始，科举存在的时间至少有一千三百多年，是传统中国最基本的政治－文化机制。

晚清废除科举无非意味着传统中国的整个政治－文

化机制的彻底崩溃和瓦解。科举制度废除，整个机制崩溃了以后，中国面临一个全面重组社会的巨大任务。这样的一个社会怎么重新奠定组织一套新的机制，绝不是容易的事。在西方，从传统到现代的转型用了数百年才完成，而中国从晚清到现在是百年左右。我们今天仍然在这样的过程中，我们必须把从晚清瓦解到中国革命和中国改革的整个过程看成是寻求奠定现代中国的一个连续统。

熟知不是真知

美国人乔舒亚·雷默（Joshua Ramo）最近提出"北京共识"（Beijing Consensus）的概念，认为"北京共识"已经取代了"华盛顿共识"。他的具体看法是可以争论的，但雷默提出这个看法的意义在于，他实际提醒大家，理解中国是非常困难的，不能按照各种流俗的看法来理解中国。从西方的角度来说，21世纪最大的问题是中国。中国对西方是一个问题，因为西方统治全世界已经数百年，以西方为主形成的这个世界有一套自己的规范和程序，现在中国似乎像一个突然闯进来的人，导致整个系统都在摇荡。怎么办？中国以后会怎么样？没有人知道。两三个月前，美国《波士顿环球报》有一篇社论，批评美国国防部长，他在接受采访时，关于中国讲了一句非常有趣的话："我们祷告中国能够规规矩矩地进入文明世界。"《波士顿环球报》的社论对美国国防部长的这个说法很不以为然，社论开头就说，中国是有三千多年文明的国家，美国建国一共只有两百多年。人家的文明已经三千多年了，你却以为中国好像是一个化外之民，要人家规规矩矩地进入你的文明世界。社论认为美国人要去看看中国的历史，中国是在恢复从前的光荣和伟大。我当然认为《波士顿环球报》的这个社论很有见地。

但是问题在于，我们自己很多人也是像这个美国国防部长那样看中国。国内近年的有些说法我是不大认可的，比如很多媒体常常说"中国要融入国际主流文明社会"，言下之意是我们中国人应该把自己看成野蛮人，要脱胎换骨想办法去"融入西方主流社会"。因此，90年代以来常常有这样的心态，认为中国正当性的根据不在于中国自己，而是在西方的认可。本来美国是美国，中国是中国，但是中国人有时候经常为美国而辩论，争得面红耳赤。为什么会出现这样的情况？我想就是因为有相当一部分人认为中国应该一切都站在美国一边，如果美国打伊拉克，中国当然也应该跟上，总而言之最主要的目的是一切事情都希望能让西方高兴，尤其是美国，得罪不起。但是我想最近几年一个比较好的发展，就是越来越多的中国人开始明白，很多事情中国人是没有办法满足西方的，没有办法老让西方高兴的，除非你自己不要活。例如突然之间，所有的西方国家都谈人民币的问题。人民币该不该贬值我不懂，但我想这是中国人自己的事情，该由中国人首先根据自己的利益自己来决定。又如，本来大家都参加世界贸易组织（WTO）了，都自由贸易了嘛，可是你看美国、欧洲都可以通过他们国家的立法来限制中国的纺织品。我们对比一下，中国很规矩，加入WTO以后就一直宣传，WTO了，我们要做好准备，意思就是要你做好准备被淘汰。但人家就可以立法规定你中国的纺织品限制有多少，我们中国人却似乎相信我们加入WTO，那么我们就归WTO管了，其他什么都不可以做了。天下只有中国人天真地相信国际组织比中国政府大，但任何美国人都知道他们的美国政府高于任何国际组织。美国什么时候把国际法、国际组织放在眼里过？

西方有两种人，一种比较看好中国，比如2020年中国经济增长到多少，2030年中国经济可能仅次于美国，等等；还有一种是崩溃说，按照西方很多理论的说法，中国一定会崩溃，因为中国有这么多的问题，比如基尼系数早就超过警戒线，现在又有能源的危机，等等。但西方人对我们是恶意还是善意，我从来不大在意，善意恶意并不那么重要，只看他判断的根据在哪里。现在问题的复杂性在于，所有关于中国的谈论几乎都有一定的根据。不要以为我们中国人自己就很懂中国，是不是因为我们是中国人就一定懂中国呢？我想不是。至少我是不懂，我是真的不懂。部分的原因和我的专业有关，我的专业是研究西方的，我在北大读的是外国哲学研究所，我在美国也基本上是研究西方，我在美国很怕别人问我中国的问题，因为我真的不懂。我一点都不是谦虚，我觉得我懂一点西方，但是很不懂中国。从西方的角度来看中国，实际上中国很难懂。我会提倡大家谦虚一点，不要以为自己是中国人就懂中国，我们诚然知道中国很多很多事情，但正如老黑格尔说的，"熟知的东西正因为它是熟知的，所以就不是真正了解的了"。为什么？因为这些东西你自以为熟悉，你就以为知道，就不再去追问一个"为什么"，而其实你并不知道这个为什么。

关于中国，可以提出很多问题，在座的人未必能回答出来。例如，中国改革开放二十五年来，经济成就绝对非凡，为什么中国这么成功？我没有看到很满意的答案。事实上从80年代初一直到90年代初，整个西方学术界没有人看好中国的经济改革。原因很简单，他们很自然地认为，如果苏联、东欧的经济改革都不成功，中国又怎么可能成功呢？特别是苏联，工业化、现代化、教育的程度比中国高得多，农村人口也比中国少得多，各方面的生活水准都比中国高得多。比方说西方学界发现，到1978年前后，中国所有的厂长和经理的平均教育水准是9—11年，9年就是初中毕业，11年高中还没有毕业，高中毕业要12年，而苏联当时的经理厂长自然清一色都至少是大学毕业。比较那时中国和苏联、东欧的生活水准就更不用讲了。我刚到美国时有一个朋友是南斯拉夫人，那时南斯拉夫各个共和国都宣布独立了，国家已经是战火连天，炮弹到处打。他是塞尔维亚人，到中国待了三四个月以后回来和我说，你们中国现在是从下往上走，我们南斯拉夫是从上往下掉，但中国和南斯拉夫还差那么多。你可以想象他们那种优越感、自豪感。80年代时中国人一般家里都没有电话，更不要说汽车了，但是苏联、东欧那时候电器、汽车早已经进入日常生活了。按照常理来说，所有的西方国家都认为，既然同样是中央计划经济体制，如果苏联、东欧经济改革都改不下去，中国怎么可能改得下去？这个看法是很自然的。西方一般都认为，如果苏联、东欧经济改革像中国这样成功，以后的瓦解就不会发生。是因为改革不下去，才会有这样的全面崩溃和全面瓦解。

我们都知道中国改革是从1978年开始的，但整个80年代，经济改革并不是中国知识界的话题和关切，当时大家谈论的都是思想和文化的问题，亦即80年代的所谓"文化热"。我们现在都知道，80年代整个中国经济每年递增10%，但是在80年代我们住在中国自己没有感觉，我们不知道，也没有这个意识。我想绝对不是我个人，所有80年代活跃过的知识分子都没有意识到当时中国经济已经起飞。所谓中国经济起飞首先是西方说的，美国是1992年第一次报道，大概是9月份《纽约时报》头版头条，一整版说中国经济起飞了，根据是世界银行的报告，有一张很大的照片。我们看了都大吃一惊。因为在这之前，所有对中国的谈论都是说中国哪一天垮台。西方学者还说，不但整个80年代中国经济每年近10%地增长，而且中国经济从1949年到改革前也一直都在高速增长，只不过那时的钱都用去再投资了，没分给老百姓。所有这些初听时都让人大吃一惊，因为住在中国的我们好像还不如西方人了解中国。

重新认识中国

所以我想提出一个问题，我们现在要重新认识中国，重新认识也就是检讨我们以前对自己、对中国的看法。有些看法根深蒂固而且非常流行，但是未必站得住脚。不要以为我们自己是中国人就一定了解中国，不一定。我们需要重新来看全球化时代的中国，我们需要从全球的角度来看中国。

第一点，我们需要从世界文明历史的角度来了解中国历史。中国文明是最外在于西方的，是和西方文明最相异的，这是西方人的感觉，我们需要了解。我们可以举出很多非西方的古老文明，比如说埃及、印度、波斯，但是他们和中国都是不一样的，他们都是从上古时代，很早就和西方文明糅合在一起。举个例子，大家知道埃及是第三世界国家，也是四大文明古国，但是埃及并不是到近代以后才和西方发生关系的。即使对埃及再不了解，也知道埃及历史上有一个非常有名、非常妖艳的女王克利奥帕特拉（Cleopatra），她是埃及女王但却不是埃及人，她是希腊人，整个家族都是希腊人，统治埃及两三百年，他们家甚至根本不会说埃及话。因此埃及和西方从上古时起就已经纠缠在一起，这是因为西方文明发源地是在地中海一带，埃及、非洲原来都和西方文明糅合在一起。西方文明的发展是从南往北走，即从所谓的南欧为中心逐渐转移到今天的西欧为中心。我们中国文明正好相反，是从北向南发展。

另外还有印度，印度也并不是仅仅在英国人殖民印度以后才和西方发生关系。早在古罗马以前，亚历山大大帝已经征服了印度。亚历山大大帝的扩张方向和古罗马帝国的扩张方向完全相反：古罗马是从南向北打，是北伐，亦即从今天的南欧打到今天的西欧。亚历山大大帝则对那时的欧洲没有兴趣，他的兴趣是东方，是从西往东打，要打到印度。他果然达到了目标，印度在那个时候就已经向他屈服。

还有波斯，也就是现在的伊朗和伊拉克一带，就更不用说了。对于中国人来说，"波斯湾"这个词是很中性的，听了以后不会引起任何的历史联系。但是对于西方人来说，波斯湾引起的是整个两千多年历史的记忆。西方人会马上想起古希腊和波斯之战，想到马拉松之战。19世纪西方自由主义的鼻祖密尔（J. S. Mill）有一句非常有名的话，说以后欧洲和英国历史上所有的战役根本都不重要，唯一重要的就是马拉松战役，因为如果这一战役中波斯人打败了古希腊人，那么以后整个西方文明就没有了。任何一个受过高等教育的西方人自然都读过希罗多德的《历史》，因此一提起"波斯湾"这个名字，马上就会联想起这些历史。美国人两次打"波斯湾战争"，心里自然觉得好像自己就是从前的古希腊人和波斯作战那样在保卫西方文明。

还有阿拉伯人，和西方的关系就更不用说了，从头就纠缠在一起。我们知道古希腊文明所有的文本都失传了，整个中世纪欧洲没有一个人懂古希腊文，从奥古斯丁到阿奎那都不懂古希腊文，连文艺复兴的先驱也不懂古希腊文。欧洲人重新了解古希腊思想文化首先是通过阿拉伯世界，是阿拉伯人保存了古希腊文本，近世欧洲人最早是通过阿拉伯译本了解古希腊的，因此研究中世纪欧洲政治哲学，必须研究中世纪阿拉伯政治哲学，例如法拉比（al-Farabi）的思想。阿拉伯人的历史从来和西方分不开。

我举这些例子是想说明，在所有"非西方文明"中，中国与其他非西方文明是不一样的。中国在历史上和西方没有任何关系，是完全外在于西方的，西方也完全外在于中国。诚然有很多人在研究中西文明交往史或所谓交通史，但我想中国人不要像穷人攀富亲戚那样去夸大中西文明的交往史。中国和古罗马之间或许有些非常间接的贸易，但绝对谈不上有任何关系，中国没有影响古罗马，古罗马也没有影响中国。很长时间以来，不但中国不了解西方，西方也不了解中国。中国是完全外在于西方的，西方也是完全外在于中国的，没有任何亲戚关系可言，不必套近乎。我们需要认识的是，中国是西方很不容易了解的一个文明，西方也是中国很不容易了解的，两大文明之间的差异太大，因此凡是做中西文明比较而强调中国与西方如何有相似性的必然都是肤浅的，没有多大意义，尼采早就说过，这类相似性比较是心智弱的表现。

西方开始谈论中国主要是18世纪以后。整个西方的所谓近代历史学是从伏尔泰的《风俗论》开始的。在他以前的西方历史都是按照西方的《圣经》开始的，西方的所谓《圣经》中自然没有中国。18世纪以后西方知道还有这么一个中国，怎么办呢？西方的上帝据说要管全世界全人类的，现在突然有这么大一块土地没有在上帝的管辖范围之内，是很麻烦的。我们如果把伏尔泰《风俗论》前面一百多页的导论拿掉（导论是后加的），直接从正文开始，就可以看到非常清楚的脉络，即在伏尔泰那里，人类历史是从中国开始的，然后是印度，然后是波斯、阿拉伯，然后是欧洲。但这些不同文明之间都是什么关系，世界历史怎么个说法，伏尔泰没有解决这个问题，只是说中国肯定最古老。这样一来，西方本身在世界历史中的位置就成了问题。

这个问题是黑格尔的《历史哲学》解决的。黑格尔的《历史哲学》如果去掉导论看，第一章就是中国，然后是印度、波斯，再是欧洲。但黑格尔很高明，他论述说最前面最古老的就是最低级最差的，因此最古老的中国是最低级的最没有价值的，波斯就比中国高级很多，因为波斯在黑格尔看来是西方内在的一部分，没有波斯也就没有欧洲和西方。学西方哲学的人都知道，西方哲学的源头是所谓"伊奥尼亚"学派，可是这"伊奥尼亚"并不是在希腊本土，而是在亚洲，当时是波斯人统治的，因此西方学界历来有人论证"伊奥尼亚哲学"是受波斯文化影响产生的。

总之，从伏尔泰开始，突然有一个全新的世界出来了，这么大一个中国怎么摆，西方的《圣经》中没有讲过，《圣经》并不知道，因为上帝都不知道，这个事情比较麻烦。黑格尔来了一个从最低到最高，把它化解了，最早是最低级的，因此中国是最低级最差的，最晚是最高明最好的，因此欧洲特别是黑格尔自己的德国是最好的。人类历史从中国开始，到黑格尔的德国结束。1990年代以来西方的所谓"历史终结论"，本是从黑格尔那里来的，不过把德国换成了美国而已。这样一个西方中心论，今天的西方人一般是不会这么明说的了，因为这种说法显得没有教养，显得非常可笑而不文明。不过不这么说，不等于就不这么想。今天的西方自然认为他们就代表正义代表真理，他们谈起中国来个个都像法官一样，还不如黑格尔至少要给个哲学的论证。其实我认为，西方人以西方为中心，并没有什么错，难道要他们以中国为中心？西方反对西方中心论的人可能更危险，因为他们以为自己免除了西方的偏见，是最公正的，代表全人类的。我宁可西方人老老实实主张他们的西方中心论，不要说他们是反对西方中心论而主张什么世界主义，他们说这话就表明他们是西方中心论，因为今天高谈阔论世界主义者恰恰就是西方中心主义，难道世界主义是说中国主义或印度主义吗？

现在的问题是，中国人看世界应该以什么为中心。中国人也应该以西方为中心吗？这就是今天的问题所在。我觉得，我们需要有一种新的眼光来看今天的世界，我们有必要了解，中国文明原先是自成一体的，西方也是相对而言自成一体的。西方最近数百年统治了全世界，一度想当然地以为中国也和其他国家一样，都要接受西方的统治，都必然被纳入西方的世界，西方在鸦片战争中也确实一度打败了中国。但今天的西方不得不开始认真考虑，中国今后到底会怎么样，他们不得不考虑，中国可能将按她自己的逻辑，而不是按西方的逻辑行事。雷默的"北京共识"论就是这种西方看法的表现。这种看法认为，中国的很多情况按西方的逻辑都是解释不通的。比如说我们刚才讲到晚清时代，整个传统中国文明彻底瓦解，按照西方的逻辑，一个古老文明在现代崩溃，就不可能再维持自己成为一个统一国家，比如说奥匈帝国、奥斯曼帝国等都瓦解成了无数国家。我们看西方的历史地图，1914年第一次世界大战以前，有很大的奥匈帝国和奥斯曼帝国，奥匈帝国的钞票上要印十几种文字，因为它包括很多不同的所谓"民族"，而奥匈帝国和奥斯曼帝国崩溃以后，这些"民族"都变成了独立的民族国家。

按西方的逻辑，中国在晚清瓦解以后如果分裂成很多国家，方才是符合逻辑的。但看今天的中国版图，除了台湾还没有回归以外，中国版图现在跟清朝几乎是一样的，这对于西方人来说很不可思议。在西方的逻辑中，中国整个近代历史是不正常的，不符合他们的逻辑。中国人似乎很自然地认为，中国历史从夏商周秦汉一路下来到现在，这整个历史是贯通的没有间断的，这也是西方人认为很奇怪的，因为西方自己的历史是断裂的，是不连贯。例如古希腊和现代的希腊，根本就没有关系。我们知道，上一次奥林匹克运动会是在希腊的雅典，口号是"奥林匹克重新回到雅典"，可是现在的雅典跟古代的雅典有什么关系吗？没有关系。现在的雅典（希腊）是1830年独立的，但既不是从英国独立出来，也不是从美国独立出来，而是从亚洲的奥斯曼土耳其帝国独立出来的，亦即这希腊有七百多年是在亚洲土耳其人的统治之下。希腊要标榜自己是西方文明的一部分，这七百多年的历史怎么办？就必须把这七百多年的历史先否定掉。但问题是，即使否定了这七百多年，再前面这希腊也不属于真正的欧洲，而是属于拜占庭，因此这类国家的历史比较麻烦。

中国现在没有这个问题，只有晚清曾一度有过类似的问题，当时孙中山和章太炎要推翻清朝，因此不承认清朝是中国历史的一部分。章太炎有一篇很有名的文章，认为中国在1644年就已经亡国了，因为他不承认满族人是中国人，这倒是非常符合西方逻辑的。但这只是章太炎老先生一时糊涂，把两百多年的历史划了出去，后来清朝被推翻以后，他和孙中山都马上收回原来的论断，谈"五族共和"了。后来章太炎曾有一句很有名的话，说当时也没有想别的，只想着推翻清朝，没想过推翻了以后怎么办的问题。

黑格尔说中国是一切例外的例外，他那套逻辑到了中国就行不通了。这个事情比较麻烦，西方人因此心里会有很多疙瘩，他老想解释你，要解释得符合他的逻辑。而他们可以这么做的本钱之一就是中国很多人也跟着他解释，西方人这么说，中国人也跟着这么说，西方解释不通中国的时候，很多中国人帮着他解释。

但严格说来，中国自成一个世界。我在下面因此想提出一些问题来跟大家讨论。中国的许多事不但是西方难以理解的，而且实际上有些也是我们自己都很难理解的。比方说我一开始讲到，中国二十五年改革开放的巨大成功，并不那么容易解释。很多人在强调改革成功的时候，总是隐含着对毛泽东时代的一种全面否定，似乎只有全面否定毛泽东时代才能够解释中国的改革成功，这实际是很肤浅的。另一方面，近年来的很多争论，有些人又常常用毛泽东时代来否定改革，也是不正确的，我觉得是大可不必的。不管中国今天有多少问题，但是二十五年来改革的成就在人类历史上是空前的，人民生活水平有了实质性的提高，中国的国际影响力大幅度上升，这都不是假的，是晚清以来，中国历代人梦寐以求的。对于拥护毛主席的人来说，应该认识到，如果看到改革的成就，即使毛主席也不会否定改革的。

中国经济改革成功的内在逻辑

我现在就回到我前面提出的问题，也是很多西方学者在80年代初到90年代初一再提出来的问题，即按照常理，中国的经济改革应该是难以成功的，因为苏联和东欧工业化的程度、教育的程度要比中国高得多，他们的经济改革都不成功，为什么中国会成功？

有个美国学者叫谢淑丽（Susan Shirk），她后来曾任克林顿第二届政府的远东助理国务卿，亦即美国政府的亚洲事务最高官员，但她在当官以前，曾出版一本专著，是我特别愿意向大家推荐的。这书是根据她从1980年到1990年每年到中国实地考察的结果写的，她了解的中国比我们知道的多得多。书是1993年出版的，叫作《中国经济改革的政治逻辑》(*The Political Logic of Economic Reform in China*)。这个书名本身就很有意思，因为她实际觉得，中国经济改革的这个"逻辑"是很不符合西方的逻辑的，而苏联戈尔巴乔夫的改革则非常符合西方的逻辑，问题是，为什么符合西方逻辑的苏联改革反而不成功，而不符合西方逻辑的中国改革却空前成功？这就是她实际提出的问题。从政治社会学的角度看，戈尔巴乔夫给他自己设定的目标，自然不是要把苏联瓦解，他希望苏联像中国一样经济改革成功，人民生活水平大幅度提升。他所做的一切，和邓小平的目标是一样的，但是邓小平成功了，戈尔巴乔夫却搞垮了。为什么会出现这样的问题？中国的教育水准、经理的水准、工业化的程度、现代化的程度，和苏联怎么能够相比，怎么会是中国成功了？

她的书为什么值得推荐呢？因为她写这本书最早的出发点，也是像其他西方学者那样，认定中国改革是一定不行的。但在带着这个基本问题详细考察中国以后，她在美国学者当中是比较早认为，中国经济改革有可能走出来，有可能成功的，这确实不同寻常。而她研究得出的看法其实隐含着一个结论，就是中国改革和苏联改革的根本不同，在于中国的改革事实上是在毛泽东奠定的"分权化"（decentralization）的轨道上进行的，而且这是苏联无法仿效的，因为苏联没有毛泽东。最根本的一点在于，由于毛泽东的"大跃进"和他的"文化大革命"，使得中国的中央计划经济从来没有真正建立过：毛泽东不断地破坏中国建立中央计划经济的工作，使得中国在改革前就从来不是一个苏联意义上的中央计划经济体制。这个美国学者实际上认为，如果没有毛泽东的话，中国的经济改革一定会像苏联、东欧那样失败，亦即如果中国像苏联那样建立了完整的中央计划经济体制的话，那么就没有理由想象中国的改革会与苏联、东欧有任何不同，想象不出来。

毛泽东不断破坏中国的中央计划经济体制是中国人自己都知道的，但一般人却没有从毛泽东时代和邓小平时代的连续性这个高度来看问题。当然邓时代与毛时代有根本不同的地方，这就是把阶级斗争转移到经济建设上来。但是仅仅这个转移并不足以保证中国经济改革的成功，因为苏联、东欧很早就放弃了阶级斗争，很早就把一切都转移到经济建设上来了，可是他们的经济改革却不能成功。为什么中国就转成功了，苏联、东欧反而不成功？根本问题就在于中国有毛泽东，毛泽东决定性地破坏了新中国成立后想建立中央计划经济的努力。因此虽然他的"大跃进"等造成了破坏，但可以借用熊彼特的说法，毛泽东时代实际上是一个"创造性破坏"的过程。毛的"大跃进"和"文革"确实对当时的中国造成了破坏，但这种破坏同时是"创造性破坏"，就是破坏了苏联式中央计划经济，创造了中国经济体制不是中央高度集权，而是高度"地方分权"的经济结构。谢淑丽认为这个"地方分权化"就是中国经济改革的"政治逻辑"，而她强调这个政治逻辑不是邓小平时代才形成，而是由毛泽东奠定的，邓小平是继承毛泽东的这一政治逻辑，邓小平的整个改革是在毛泽东所奠定的这个政治逻辑和政治基础上才有可能的。

这里还可以推荐另一个美国学者的一本著作，弗朗茨·舒曼（Franz Schurmann）早在1966年就出版的《共产主义中国的意识形态与组织》（*Ideology and Organization in Communist China*），这本书对中国与苏联体制的不同有非常深刻的分析。我认为这本书是从政治社会学角度分析中国的杰作，作者对中国问题的看法是入木三分的，虽然此书也被批评为取向上过于社会学功能主义。舒曼认为，1949年中国共产党占领全国要开始现代化建设的任务后，实际面临一个基本选择，就是中国的工业化和现代化道路应该学苏联，还是应该继续按中共自己的"延安道路"去发展。苏联道路是高度依赖技术专家来贯彻中央计划经济指令，而"延安道路"则是一切首先发动群众依赖群众。走苏联道路就要强调技术专家，强调知识分子政策；而走"延安道路"则要首先强调人民群众，强调所谓"人民群众的首创精神"。因此，毛泽东从50年代开始强调的所谓正确处理"红与专"的矛盾，强调所谓"政治与业务的关系"，在舒曼看来实际都具有深刻的社会学内容，是与中国社会的基本社会结构和社会分层有关的，即建国初期中国的技术专家极少（陈云曾说中共从国民党那里接收的技术知识分子一共只有两万人），而中共自己的社会和政治基础则是最广大的农民和工人。中国的工业化和现代化是应该主要依靠少数的技术专家走苏联道路，还是可以继续走中国的"延安道路"，依靠大多数当时没有文化不懂技术的普通民众，这在舒曼看来就是建国初期面临的基本选择。

　　舒曼指出，中共最初的决定是必须学苏联工业化的道路，即迅速建立全面的中央计划经济体系。中国第一个五年计划就是全面的苏联化，整个按照苏联的中央计划经济的做法来奠定。但是从1956年开始，毛泽东就已经怀疑苏联这套中央计划经济体制，并开始思考如何摆脱。苏联式中央计划经济意味着高度专业化分工，所有的企业都要纳入中央的经济管辖，一切经济计划都要由中央计划部门来决策。中国第一个五年计划就是按这种苏联模式搞的。按照刘少奇当时的说法，计划经济就是"在全国计划之外，不能再有其他计划。全国是一本账，一盘棋。不应该有不列入计划的经济活动。不列入计划就会发生无政府状态。不能一部分是计划经济，一部分是无计划经济"。但这种把所有经济和所有企业都纳入中央计划的工业化道路，正是毛泽东很快就坚决反对而且从实际上加以摧毁的。1958年毛泽东把中国88%的工厂的管理权全部移出中央部委的管辖范围，而把它们转交给各级地方政府管理，把财权、企业权统统给地方，不但各省、各地区，而且各县都有自成一套的工业，这就是毛泽东所谓"麻雀虽小，五脏俱全"，要每一个县都可以自己发展工业。1961年以后刘少奇把所有的工厂又都收回中央管辖，但毛泽东1964年以后又开始把所有的经济下放给地方，提出要"虚君共和"，反对一切由中央管辖。毛泽东说了一句非常有名的话：从地方上收编中央的企业统统都拿出去，连人带马都滚出北京去。到"文化大革命"，1968年甚至根本没有计划，整个国家没有国民经济计划，这是非常不可思议的事情。从"大跃进"到"文化大革命"，毛泽东实际上把中国正在建立的中央计划经济基本摧毁掉了。

舒曼这本书曾深刻分析为什么毛泽东要这样干。舒曼指出，仿效苏联经济模式对当时的中国必然会导致严重的政治后果，即这种计划体制必然使得所有经济工作都依赖于少数中央计划部门和技术专家，而中共的社会基础即农民和工人，以及中共的大多数干部包括多数高级干部都将无事可干，处在中国工业化和现代化过程之外。近年公布的一些文件证明了舒曼当年观察的洞见，例如毛泽东在1958年提出要求全党工作重心真正转移到经济建设上来时就说："党的领导干部真正搞经济工作，搞建设，还是从1957年北戴河会议以后。过去不过是陈云、李富春、薄一波，现在是大家担当起来。过去省一级的同志没有抓工业，去年起都抓了。过去大家干革命，经济建设委托一部分同志做，书记处、政治局不大讨论，走过场，四时八节，照样签字。从去年起，虽然出了些乱子，但大家都抓工业了。"毛泽东发动"大跃进"，就是要全党干部都抓经济，要全国普通民众都投入工业化建设。这个过程是我们大家熟知的，一般都被看成是毛泽东头脑发热。但舒曼的看法远为深刻。在舒曼看来，毛泽东之所以要发动"大跃进"，要各省各地和各县的第一书记都要抓经济抓工业，并且提出"外行领导内行""政治统帅经济"等，都是与中国当时的社会政治结构有关的，即毛泽东强烈地要求中共的社会基础即农民、工人和党的干部成为中国工业化和现代化的主人和主体，他怕的是农民、工人以及没有文化的所谓工农干部被边缘化而被置于中国工业化现代化之外，这就是他为什么要强烈地反对把工业化和现代化变成只是中央计划部门和技术知识分子的事。

舒曼认为，从"大跃进"开始，中国的工业化和现代化道路开始摆脱苏联模式，重新回到毛泽东和中共自己的"延安道路"，即毛泽东一贯的发动群众、发动地方的道路。毛时代的一个特点是，很多最重要的中央会议都是在地方开的，例如郑州会议、南宁会议、杭州会议、武昌会议等等，老是在地方上。从前"文化大革命"时有一个传说，只要毛主席的专列一出动，北京都人心惶惶，不知道他又要干什么，因为毛泽东总是要移出中央，靠发动省地县干部甚至公社干部去做他的事情，他所有的事情都是从地方从基层发动的。与此相应，毛泽东时代形成的中共领导层结构与苏联、东欧共产党的结构非常不同，即中央委员会的构成里面省地干部占了最大比例，达43%，到"文化大革命"的时候毛泽东更刻意提高中央委员会中普通工人和农民党员的比例，到中共十大的时候达30%，他要把整个政权的权力基础往下放。

今天的人常常会对此很不以为然，认为应该强调知识、科学、技术、文化等才对，靠农民工人有什么用。但这种看法其实是片面的，而且是缺乏政治学常识的。任何学过一点西方政治学的人都应该知道，现代政党的政治生命取决于它是否有西方所谓"草根基础"，即中国所谓的群众基础。如果一个党由一大批诺贝尔奖得主组成，那不但是什么用都没有，而且根本就是不知政治为何物。这在任何西方国家的政党都是基本常识。实际上类似毛泽东在1969年前后提升工农在中央委员会比例的做法，美国的民主党和共和党也都在做，他们改革的根本方向都是要政党更有群众代表性。美国的民主党在1968年首先规定党代表中必须有多少黑人、多少女人、多少拉丁裔人等硬性比例，随后美国的共和党也只能跟进，因为都要争取群众基础。而毛泽东在"文革"中则是要求中央委员中必须有工人多少、农民多少、女人多少，他也强调这个，他是要求把这个社会结构带进来。我们今天过分强调学历、学位，实际上是有片面性的。

从政治上讲，并不是说你文化程度越高越好，如果没有草根政治，没有群众基础，只有一大批高学历高学位的人指手画脚，有什么用？

不过这里有必要强调托克维尔提出的一个重要政治学区分，即两种"集权"和两种"分权"的区别。托克维尔在其名著《民主在美国》中比较美国政治和法国政治时指出，很多人都错误地认为美国政治和法国政治的差别就在于美国是分权的，法国是集权的，他认为这是完全错误的，是混淆了两种根本不同的集权和分权概念。这就是他提出的"政治集权"和"行政集权"的区分，以及与此相应的"政治分权"与"行政分权"的区别。他认为任何一个国家要繁荣昌盛必须要"政治集权"，而英国和美国恰恰是这种"政治集权"的典型，亦即英国和美国能形成统一的政治意志："整个国家就像一个单独的人在行动，它可以随意把广大的群众鼓动起来，将自己的全部权力集结和投放在国家想指向的任何目标"；而法国却恰恰是"政治分权"的典型，即总是被内部分歧撕裂而难以形成统一的政治意志。但同时法国却是"行政集权"的典型，即一切具体管理事务的权力都在中央政府的官僚机构，地方反而没有什么权力；美国则是"行政分权"的典型，即各种具体事务的管理，特别是地方的发展是由地方政府管辖的。

我们可以认为，毛泽东时代实际形成了中国式的"政治集权"与"行政分权"的统一。毛时代一方面是高度的政治集权，即强调党的一元化领导，另一方面则形成了高度的"行政分权"，特别是经济结构向地方倾斜的"地方经济分权"，摆脱了苏联中央计划经济的高度"行政集权"模式。上面提到的谢淑丽的专著指出，毛泽东破坏中央计划经济体制而走向"行政分权"的道路，实际导致了中国在改革以前的经济结构已经完全不同于苏联、东欧的计划经济结构。例如，中国在计划经济最高点的时候，中央政府也只控制不到600种产品的生产和分配，而苏联则高达5500种。换言之，苏联的体制是一切经济活动无不在中央政府控制管辖之下，中央计划之外几乎没有经济，但中国经济体制则是多层次、区域化和地方化的，造成中国经济决策和协调特别向地方政府倾斜。谢淑丽的研究发现，中国改革前夕，只有3%的中国国营企业直接归中央政府调控，其余的都为各级地方政府管，其利润也多归地方政府。这种高度"行政分权"的结果，使中国和苏联的经济结构截然不同。苏联的中央计划经济特点是，企业数量少但规模大，专业分工程度高，现代化程度高；中国的经济分权化特点则是企业数量多，但规模小而且非常土。谢淑丽指出，1978年的时候，苏联一共只有四万家企业，但规模都比较大；中国却有三十四万八千家企业，其中只有四千家规模比较大，其余三十四万四千家都是中小企业，而且当然都很落后。这样大数量而且落后的中小企业是不可能被纳入中央计划体制的，大多数甚至都不是省级企业，而都是地县以至乡镇管辖的企业。

但在谢淑丽看来，正是中国和苏联体制的这种不同，决定了苏联的经济改革难以成功，而中国却可能成功。因为在苏联体制下，中央计划经济以外几乎就没有经济，因此苏联、东欧的经济改革完全取决于国营企业改革，如果国营企业改革无法成功，则整个经济改革就必然失败。但国营企业的改革事实上是最困难的，因为涉及无数利益关系以及无数工人的福利。而中国经济改革所以可能成功，恰恰就在于毛泽东时代已经造成大多数经济都不在中央计划管辖内，而是在中央计划以外。毛泽东把相当大的财权和企业经营管理权给了地方，所以中国的许多县都是"麻雀虽小，五脏俱全"，在经济上可以自行其是。因此中国经济改革最根本的特点就在于它并不依赖国营企业改革，而是主要由中央计划以外的地方经济发展起来的。中国经济改革的成功在于它能够在计划的国营企业之外又发展一套新的经济主体，这是由地方企业特别是乡镇企业所带动的。而这种改革道路对高度专业化分工的苏联体制来说是完全不可能的，因为苏联的地方并不是"麻雀虽小，五脏俱全"，并不是可以自行其是的独立经济系统。因此苏联、东欧的特点就是其经济改革无法形成一个在计划体制之外快速发展的活跃经济。谢淑丽认为，中国改革之所以可以走出一条与苏联、东欧不同的道路，原因就在于70年代末以来的邓小平改革实际是在毛泽东时代形成的"地方分权化"基础上进行的。她特别强调，邓小平的改革同样是依靠地方的，例如首先在广东、福建建立"经济特区"，以及1992年的著名"南巡"，都与毛泽东依靠地方发动地方的做法如出一辙。不但如此，在她看来，邓小平改革的地方分权道路，只有在毛泽东已经造成的中国整个社会经济结构高度地方分权化的基础上才有可能，邓小平时代的地方分权化实际是毛泽东时代地方分权化的延续。

但是谢淑丽特别指出，在"文化大革命"刚刚结束，邓小平尚未重新掌权以前，中国曾一度想走回50年代第一个五年计划那样的中央计划经济，这就是华国锋主政的三年。当时"文革"刚结束，很多人首先想到的是要恢复50年代。大家认为50年代第一个五年计划是黄金时代，那时候管得多好，第一个五年计划确实也很成功。华国锋当时提出的经济改革方案，是认为石油危机以后国际石油价格会很高，因此企图用"再开发十个大庆油田"的方式，以出口石油来换取外汇，然后买西方先进的科技，着重发展中国的重工业。这整套设想实际是想重新走第一个五年计划的路子，即重建中央计划经济的模式。但一方面，中国自己的石油储量根本不多，靠出口石油换取外汇的设想整个就是不现实的。另一方面，更重要的是，华国锋的这一经济方案必然要求把经济大权都重新集中到中央部委来。谢淑丽指出，这是完全不符合毛时代已经形成的地方政府的利益的。在她看来，在毛时代已经形成地方分权化以后，重新走回中央计划经济的道路在中国事实上已经不可能，这就是华国锋那么快就下台的原因。

邓小平主政以后的中国经济改革，在整个80年代常被称为"让权放利"，亦即把权力和权利让给地方和企业。不过这里应该指出，当时很多人其实强调"让权放利"的主体应该是企业，而不是地方。换言之，许多人的思考和苏联、东欧一样，把所有的注意力和精力都放在如何改造国有企业上，而认为把经济主要让地方搞不是经济学的正道。但事实证明，中国的经济改革成功，并不是因为中国的国营企业改革比苏联、东欧更好，而完全是因为中国新的经济是在地方上发动起来的，尤其是由当时谁也看不起的乡镇企业所带动的。我们都知道，邓小平本人就讲过，乡镇企业的发展和根本作用谁也没有想到过，中央也没有想到过，完全是乡镇和农民自己搞起来的。但西方学者几乎一致认为，中国乡镇企业的基础正是当年毛泽东的"大跃进"奠定的，"大跃进"本身当时虽然失败，但却在很多乡村留下了所谓的"社队企业"，这些社队企业就是日后中国乡镇企业的基础。

我们都知道，费孝通先生当年写"江村经济"，他是最早看到中国现代化的可能性在发展乡村工业，但是他同时指出，这种发展在当时即解放前的中国是不可能的。因为乡村工业的发展需要很多条件，比方说至少要有电，有公路，所有这些条件是那时中国的大多数乡村没有的。没有电，没有水，没有交通运输通达城市，怎么可能有乡村工业的真正发展呢？但是费孝通的梦在中国80年代实现了，其原因就在于，由于毛泽东从"大跃进"开始力图把中国的工业化过程引入乡村，不断把中国的企业和经济下放到社会基层，使得中国的乡土社会不是外在于中国的工业化过程的。在毛时代，交通、水电以及至少小学教育和赤脚医生进入乡村，都是中国乡镇企业在70年代后可以大规模发展的根本性基础。80年代中国乡镇企业的运作方式也几乎完全是"大跃进"式的，所谓"村村冒烟"本身就是"大跃进"的传统。虽然这种经济发展方式问题非常多，比如重复生产和环境污染等，以及大规模的放权给地方导致后来的中央财政能力下降，都是事实。但是我要强调，所谓此一时彼一时，我们不能因后来出现的问题就否定中国的经济改革根本上是由乡镇企业搞活带动的。许多人常常想当然地以为，应该而且可以为中国的发展找到一条一劳永逸的理性化道路，可以走上所谓正规的现代化道路，但这种思路本身不过是削足适履而已。中国的事常常是前五年正确的做法，后五年可能就是不正确的，需要不断调整，不断创新。

简言之，邓时代的改革是以毛时代为基础的，所以我认为我们没有必要把这两个时代对立起来。从毛时代和邓时代的连续性着眼，实际上我们不应该把改革二十五年来的成就和毛泽东时代对立起来，而是要作为一个历史连续统来思考。我以为我们需要摆脱那种非此即彼的思考方式，把改革的二十五年完全孤立起来，把它与前面的共和国历史相割裂，却看不见毛时代与邓时代的连续性。我们今天不但需要重新看改革时代与毛时代的关系，而且同样需要重新看现代中国与传统中国的关系，不应该把现代中国与中国的历史文明传统对立起来，而是同样要看传统中国与现代中国的连续性。

传统中国与现代中国

我们今天应该特别强调，中国漫长的独特文明传统对于中国的现代发展具有根本的重要性。现代社会的普遍特点是社会分殊化高、离心力大，因此一个现代社会如果没有足够的传统文明凝聚力，社会分崩离析的可能性就相当大。我们前面曾经讲到，几乎所有传统大帝国在现代转型中都解体而分裂成许多民族国家。冷战结束以来我们也目睹了苏联的分崩离析、南斯拉夫的解体、捷克斯洛伐克分裂为捷克与斯洛伐克两个国家，甚至在发达国家也有英国的苏格兰问题、加拿大的魁北克问题等。从这种角度来看，中国经济高度地方分权化的过程在西方人看来是不可思议的，因为如此高的地方分权化，从西方理论来看必然隐含解体的危险，许多人因此一直在预言中国不可能逃脱其他古老帝国的解体命运。但另一方面，也有许多西方学者认为，中国文明的独特性之一似乎就在于其巨大的历史连续性和不可思议的文明的高度凝聚力。中国历史上的很多时期例如三国时代、南北朝时代等，如果换成任何其他文明，都足以分成多个国家而很难再恢复统一，但中国似乎总是一次又一次地成为黑格尔所谓世界史中例外的例外。

有许多事情我们中国人自己习以为常，不觉得有任何独特，但在其他国家的人看来则非常奇怪而难以理解。我在这里因此想特别提出一个观点，即中国传统文明本身就是中国经济改革成功的一个重要因素。其中的例证之一就是改革开放以来海外华人大量回国投资的现象。我们现在都知道，中国大陆有很多海外华人资本的投资，例如港商、台商、新加坡华商，还有全世界各种各样的华人资本。我们对这些都早已习以为常，不觉得有任何特别之处。但世界上很多国家对这种现象感到又奇怪又嫉妒，其中最突出的就是印度人。我在香港大学亚洲研究中心有一个好处，就是从许多同事那里学到了许多以前不了解的东西。我们中心一个法国同事是专门研究印度的，她告诉我说印度人非常奇怪，他们看到中国总是酸溜溜的，不是一点点酸溜溜，而是很酸溜溜，因为印度人心里觉得印度应该比中国好，他们最酸溜溜的就是为什么西方的焦点都放在中国。但也是因为这种心理，印度人总是在和中国比，对于中国和印度的差异也就特别敏感。我曾参加过一些关于"中国－印度"的研讨会议，发现印度学者最感兴趣的问题之一就是，为什么中国有这么多的海外华人资本，而印度同样有那么多的海外印度人，却并没有在印度经济改革中成为重要因素。印度和中国都是海外同胞最多的国家，现在中国官方数字海外中国人是3300万，印度2005年宣布有海外印度人2500万，其中在美国的就有150万，而且这150万在美国都属于中上层阶级。尤其在90年代的IT技术产业中，美国的硅谷有一个说法，认为其中40%最好的工程人员都是印度人。但印度人自己非常奇怪，为什么海外印度人并没有成为印度经济发展的一个很重要的力量，为什么印度与中国在这方面如此不同？

印度人自己觉得这是一个很大的问题。从1999年以来，这个如何吸引海外印度人回来投资的问题尤其被印度政府提到了国家发展战略的高度。印度政府首先在1999年设立了海外印度人身份证，在全世界所有地方的四代以内的印度人，包括配偶不是印度人的，都可以申请"海外印度人卡"，有了这个卡可以随便往返，不需要签证，二十年内有效，还可以在印度投资、购房等等，都是朝这个吸引投资的方向发展。2000年印度政府又专门成立了"海外印度人委员会"，专门研究如何吸引海外印度人回来投资的问题。这个委员会提出而印度政府当即立法批准的一个措施，就是建立一个"海外印度人日"，定在每年1月9号。这个日子是特别有象征性的，因为1月9号是当年甘地从南非回印度号召发起反殖民运动的日子，甘地本人就是海外印度人，他是在南非开始当律师的。确定1月9号为"海外印度人日"，也就是希望所有的海外印度人都像甘地一样，为印度的发展出力。印度政府在2003年正式发起第一届"海外印度人日"，全世界来了两千多人，规格非常之高，总统、总理亲自出席讲话。而且在2003年第一次会议上印度政府正式宣布，开始承认双重国籍。印度和中国一样是在1955年宣布不承认双重国籍的，但印度到2003年却宣布放弃这一政策，而首先承认六个国家的双重国籍：美国、英国、加拿大、新西兰、澳大利亚、新加坡。但这个政策宣布以后，引起很多印度人的不满，认为仅仅对这六个国家开放，明显的是偏向富人，因此有很多的批评。之后印度政府又做了一个改革，在2005年的"海外印度人日"宣布，只要对方国家承认双重国籍，印度就承认双重国籍。印度把现有海外印度人问题放在这么高的国家发展战略上，基本是因为看到在中国的经济改革中海外华人资本的投资是一个重要因素；他们很纳闷为什么中国有，印度没有，因此做出种种努力希望中国有的，印度也有。

以印度作为对比，我们实际就可以看到，所谓海外华人投资的问题，并不是那么想当然的事，并不是任何国家的海外同胞都那么感兴趣回母国投资或发展的。大多数国家的人移民以后就和母国没有什么关系了，也没有那么多的感情牵连。我们知道现在中国还有很多"海龟（归）"，而且"海龟（归）"太多了，都变成"海带（待）"了。我们对此习以为常，不觉得有什么特别的，但在印度人看来，却觉得非常奇怪，不是很容易明白的。犹太人号称是最有凝聚力和认同感最强的民族，我们知道世界上有很多犹太富商，但犹太人的国家以色列的经济并不是靠世界上的犹太富人投资，而是完全靠美国政府援助的。

我们现在有必要强调，海外华人资本对于中国经济改革的成功是起了极大作用的。如果没有海外华人资本，至少最早的"经济特区"可能就不会那么成功。我们知道邓小平在1979年三中全会后宣布，中国将首先建立四个经济特区，第一批四个特区就是深圳、珠海、汕头和厦门。邓小平自己后来讲得非常清楚，这四个特区的地方选择，都是着眼于海外华人的。深圳当时是不毛之地，但和香港是陆地上相连的；珠海则是因为与澳门相连；汕头则是潮州人的老窝，而海外很多华人大资产包括李嘉诚先生都是潮州人；厦门则是闽南人的中心，因此利于建立与台商的关系。我们可以想象，这四个特区如果没有海外华人资本的话，恐怕不会那么成功。中国从整个80年代一直到1992年，外商直接投资的70%都是华人资本。1992年中国修改外商投资法后，美国和其他国家投资开始多起来，但是从1992年到1995年，华人资本仍然占外商直接投资的50%。80年代是中国经济改革的启动时代，海外华人投资起了非常关键的作用。我们自己对这种现象早已习以为常，但是从印度和其他很多国家如俄罗斯的角度来说，就非常奇怪，为什么有那么多海外华人资本如此热衷于回中国投资，为什么海外印度人或海外俄罗斯人就没有那么大的热情？而且我们知道香港、台湾很多人都是1949年以后逃出去的，很多人是仇恨共产党，很怕共产党的，但一有机会他们仍然想回来。

这好像是中国比较独特的问题。中国人尤其是老一代，叶落归根的观念非常强。19世纪中国人最早开始移民到美国去打苦工，当时遇到一个很大的问题，这些人死了怎么回来？我的一个香港朋友有一个很好的研究，指出当时是用棺材运回来，整个运的过程很复杂。中国人怎么会那么复杂，埋在哪儿不行，非要回来。我可以再补充一个例子，有一些现象是中国文明特有的。例如在台湾，两蒋的遗体问题是个非常大的政治问题，蒋介石已经死了那么多年了，却不能安葬，老是放在上面，因为按中国传统他要回老家的祖坟去安葬。这个问题在台湾变成了非常敏感的政治问题，两蒋一定要回大陆安葬，实际成为国民党坚持"中国认同"的一个象征性事情。我们知道蒋家第三代很惨，男的基本上都死光了，而且死得很早，而台湾人是比较相信风水的，风水师就认为，这是因为两蒋棺材老是暴露在外面，破风水，不利后代。这些问题是中国文明当中比较独特的，非常麻烦。两蒋最近是安葬了，但是仍然不叫正式入土，而是叫"厝葬"，暂时入土，也就是临时的安葬，以后仍然要迁回老家去安葬的。我们不要小看这些事情，这次连战和宋楚瑜回大陆拜祖宗三跪九叩，我们都很感动，感动什么呢？有中国文明的因子在里面。我们最近从连战在大陆的讲话也可以看到，传统的中国历史文明对整个中国和中国人具有很强的凝聚力。

结　语

我今天想提出的问题就是我们要重新去看我们的中国。可能我们对中国的了解都还只是刚刚开始，我们要重新去了解。包括这二十五年的改革为什么有这么大的成就，都需要重新了解。要重新认识中国改革成功与毛泽东时代的联系和连续性，重新认识中国传统历史文明对现代中国的奠基性。我们今天要强调，孔夫子的传统，毛泽东的传统，邓小平的传统，是同一个中国历史文明连续统，套用从前中国公羊学的一个说法，就是要达成新时代的"通三统"。

总结地说，21世纪最大的问题是要重新去认识中国，而且要在比较当中才能真正地了解我们中国。因此有一点我不希望被误解，我不同意有些人主张现在可以完全不理会西方，而只需要就中国研究中国。我历来强调的是，要深入研究中国，必须首先研究西方。因为事实上我们现在是生活在一个西方主导的全球化世界中，西方的影响无所不在。所以研究中国很重要的方面，就是要研究西方，只有深入研究西方，我们才能有自己的辨别能力。

首先我们必须了解，一百多年来实际上我们都是用西方的视角来看中国，马克思主义也是西方的。中国人从20世纪以来，当我们说"中国是这样这样"时，实际背后总是隐含着"西方是那样那样"的看法。20世纪以来，所有对中国的讨论其实都是在做这类比较。比较本身没有任何不好，问题只在于很多人自以为了解的东西实际常常是靠不住的，你以为你了解西方，但通常大言不惭谈论西方如此这般的，往往都是对西方不甚了解的人。我们深入了解西方以后，就会知道很多中国人所说的西方往往都是不知所谓的东西，西方并不是像这些人谈论的那样肤浅。成天说点西方意识形态的外在话语，例如高唱民主自由之类的口号是容易的，不需要什么智商的，但要深入认识西方则不是那么简单那么容易的，即使西方人本身也并非一定就是了解西方的，就像我今天所说并非中国人就一定了解中国一样。要认识西方和认识中国都是要花大力气大功夫的。

中国人真正了解西方的其实不多，乱套西方的多。今天其实人人都在参考所谓西方，我们当然需要不断参考西方，问题是怎么个参考法。比如，我们今年是2005

年，是不是中国的2005年就要参考西方的2005年？是不是2003年的北大改革就要参考最新最近的哈佛大学的做法？这种胡乱的所谓"国际接轨"是可疑的，很可能变成根本不了解西方的历史而没有头脑地参考西方。我个人认为，今日中国最值得参考的西方，或许是1800年前后的英国和1900年前后的美国，这两个时间段比较接近2000年前后的中国。1800年前后，英国的工业革命造成了英国社会结构的巨大变化，1780年以后，一方面是大幅度的经济增长，另一方面是大规模的贫富差距，社会矛盾尖锐。我们需要了解英国在其现代转型的这个关键期是如何解决现代经济发展所带来的尖锐的社会分化和社会冲突的。另外是1900年前后的美国。确切地说，美国南北战争结束后，从1870年到1930年左右是美国的现代转型期，经济和社会结构都发生了巨大的变化，同样一方面是高速的经济增长，另一方面是巨大的社会分化和社会冲突。所有的情况都同我们现在非常相像，有各种各样的社会运动，有对于美国新富阶层的强烈抨击。这一转型期的社会矛盾和冲突一直到1930年代罗斯福的所谓"新政自由主义"才形成一种新的社会政治格局，"新政"是一个社会各方多少可以接受的、大家妥协的产物，虽然很多人仍然不满意，但好歹多多少少有了一定的社会共识。英国和美国在现代转型关键期的许多做法对我们是有参考价值的，我们对于西方的了解和参考，要从自身的问题意识出发，才能知道西方的哪些方面对我们是有启发的。因此问题并不是要把研究中国和研究西方对立起来，而是要更深入、更广阔地研究西方。我们要大规模地研究西方，深入地研究西方的整个历史，因为不管怎么样，西方在各个方面影响着我们，影响着我们的思考。只有造就一大批真正深入了解西方的人，才会发觉很多人说的所谓西方往往是似是而非的，所以研究中国很重要的方面，恰恰就是要深入地研究西方。

评　论

朱苏力（北京大学法学院教授）：

　　这个评论我从两个方面来讲，一个是中华文化，这个中华文化包括经济方面，政治和文化的方面，还有思想方面。必须要有一个清醒的意识，中国是一个大国，我们属于一个古老的民族，我们属于一个古老的文化。毛泽东曾经讲过，中国人应该对世界做出重大的贡献，不然的话，会被开除球籍。中国人一直是有所谓泱泱大国的气度，但是近代以来很多中国人，特别是我们这一代人，都曾经很激进，曾经怀疑中国文化能够给我们的民族带来什么，有一段时间曾经认为我们应该快速地加入到所谓西方文化当中。西方文化其实也不是真正的西方文化，只是在非常有限的资料当中想象出来的西方文化，是凭着自由、市场经济、两党制或者是宪法、法制这几个抽象的词想象出来的。但是我觉得到90年代以后，特别是21世纪以后，我们这一代人都有一个雄心大志，无论是偏左一点的还是偏右一点的，都对文化的认识开始有一个新的转变。

可能在思想界来说，比如今天在座的甘阳，更注重思想，稍微"新左派"吧。我还遇到其他一类学者，自由派知识分子，比如张维迎，他现在在写一本著作，大概是想对儒家的思想进行经济学分析。他认为儒家思想是最伟大的制度创造，他要从经济学上分析为什么是最伟大的。包括林毅夫先生也是如此，他认为我们这一代学者应该为中华民族做贡献，随着中国经济的发展，我们必须对自身的文化特征、对我们自己的制度、对我们的优势做出解剖。

我还是比较相信马克思主义。如果一个学说不能对这个制度，对经济问题提出一种解说，即使是理论化的东西，意识形态的东西，这个学说也是不完善的。美国的制度很大程度上并不是美国的制度本身。我们很多在座的同学实际上没有去过美国，但我们看好莱坞影片，通过这些方式感受到美国人是什么样的，美国的司法是多么讲正义，律师是多么讲正义，法官是多么公正，诸如此类。美国这些文化上的东西，包括我们读的许多著作，都是这种实例。因此中国在21世纪当中最重要的问题，像甘阳刚才讲的，是要重新认识我们自己。现在讲所谓和平崛起，这是一个政治口号，我借用这个口号。和平崛起不光是说崛起的问题，也不仅仅是说我们不用武力的问题。和平崛起的另外一个含义实际上就是意识形态的崛起，使它有召唤力，当然它必须伴随着经济实力，比如人民币在周围国家和地区基本上都通用。前不久我去台湾，台币是最没用的，但是人民币走到哪儿，走到阿里山去都能用。在山上我就看一个木雕城，我说能用人民币吗？他说行行。我问人民币怎么用，他说有去大陆的。这是经济实力的影响。

"五四"以后有一个传统，我们对自己的文化否认的太多了，这种否认是基于什么呢？基于我们希望自己超越自己，但是另外一方面，也是不理解自己。所以我觉得甘阳先生今天讲的问题，其实也是我们一直要思考的。我觉得我们这一代人还是有一些五六十年代人的情结，我不知70年代、80年代、90年代出生的人有没有这种情结，其实我相信永远都是有的，理想主义的东西，追求超越的东西，应当是在每一代中国人的心目中都有的。甘阳先生讲的问题就是我们怎么样去重新认识，不仅仅是认识我们几千年的文明史，也包括毛泽东的这一段历史，包括我们过去二十五年的历史，这是非常重要的。没有这个东西就等于你不自信，就像甘阳说的，我们常引证哈贝马斯如是说，却从不说"正如孔子所说的"。有一个讨论中国的案件，一个中国的学者说"正如美国大法官在1804年所说"，这怎么类比？这种修饰语，体现了在潜移默化当中以西方作为判断标准。这个问题是很重要的，比如追一个女孩子，如果你自己都没有自信心，你怎么去追求这个女孩子？一定要有自信。而这种自信是建立在什么上的？重新认识历史，客观地去认识历史，我觉得这是非常重要的话题。

另外一方面，我想挑战甘阳的，就是怎么去解释它。甘阳提出了问题，但只是把问题提出来了，关键是我们怎么去解释它。我觉得我们需要尊重人文学科，尊重文史哲的传统和中国的传统文化，但是要解释它，可能还是需要更多的社会科学。为什么在50年代，或者在"五四"时期，很多人急于去批评它，我觉得就是因为传统文化本身隐含着一种道德主义的评价，而缺少了一种现代社会科学的评价。前不久，费孝通先生去世以后，大家评价他最好的著作是《江村经济》，但是我写了一篇很短的文章，我认为他最伟大的著作是《乡土中国》。为什么说他的《江村经济》好，是因为英国人说它好。但是《乡土中国》用短短的15篇文章，解释中国儒家文化和传统社会，这是一个社会科学的解释，帮助我们用很细小的事情去理解中国。我介绍给法律系的学生读，他们读完以后，都觉得写得非常好。费孝通先生不是用一种传统的儒家学说来解释，他是用一种科学的眼光去解释。这除了因为他到西方接受过训练，更重要的一点，他是一个天才，是20世纪中国最伟大的社会科学家。80年代我在北大看了他的书以后，一下对中国的文化有了理解，原来中国文化有很多的道理在里面。可能有些东西我并不完全赞同，但是基本上觉得他非常有说服力，而且这种雄辩和说服力，是在一个世界知识文化市场当中进行交流。所以从这方面来说，我们这一代人能做的工作比较少，但是一代代人必须要坚持，把西方文化的传统、社会科学的传统、自然科学的传统更多地纳入到中国文化当中来，有容乃大，才能促使我们对自身有更深刻的理解。

古希腊时代就提倡理解自己，但"了解你自己"这句话变成个人主义了：知道自己是什么，知道自己想要什么。不仅对于一个人应当了解，对于一个民族、对于一个社会都应当了解，而且可能需要用一些新的思维方式、新的范式来了解。作为学者，其贡献就是提供理论上有说服力的解说。很大程度上我们也关心政治制度层面，但还是不太关心，书生气比较足。我们至少要从理论上提供一种解说，而不单是出一本畅销书，或者是在美国有学者引证。像我们看《乡土中国》这样的著作，你觉得这是一个经典，15篇文章解说两千多年中国文化的主要方面，这样的著作才能够使中国文化走向世界。所以我比较赞同甘阳先生曾经讲的，要从民族国家走向文明国家。如果说中国是民族国家，世界上有将近两百个民族国家；但如果中国是文明国家，那就是说中国代表了一种文明形态。这要靠我们经济、政治、社会的发展，通过我们一代代人的创造，来推进中国文化在世界上的影响。当然这并不是说我们一定能成功，但我们必须要做，要证明我们是有意义的，我们活在这个世界上不是白费的，不是西方人已经把理论都讲光了，我们来翻译一下。到了哪一天有人会问，你知道甘阳吗？不要以为这是开玩笑，为什么我们就不能这样去想象呢？我不是说人有多大胆，地有多大产，但是你要有这个雄心壮志，为什么不可能是我们当中的人呢？我们的智力在人口当中是呈正态分布的，我相信中国13亿人当中应当有一些优秀的人才。我看很多西方学者著作的时候，就想这个道理我曾经也想过，怎么他敢讲，我不敢讲，这就是我们的心理。甘阳提出的这个问题，其实是很值得我们关注的！

汪晖（清华大学人文学院教授）：

崔之元教授组织的"北京论坛系列"我差不多每次都在场，这几场讨论很有意思，我做一个最简单的回顾。第一次雷默先生来讲"北京共识"，他提出两个判断，他说西方没有中国学，他说西方所有关于中国的学说都说错了，我们怎么还能承认中国学呢？当时我做评论，特别提到不要迷信西方的社会科学，好像跟刚才朱苏力教授说的有点不太一样，不迷信是要重新找文化的自信，不是说不去学习。我想补充甘阳先生演讲当中对章太炎先生提出的一点微词，这个微词有道理，亦即太炎先生等的反满民族主义大概是六年的时间，此前不是，此后也不是，也就是那几年是一个很特殊的时期。不过章太炎在晚清要推动一个新的中国的出现，提出的第一个问题就是什么是我们的自性，用的是佛教的用语。自信到底在哪儿？我们要找这个自信，如果没有自信的话，一个社会什么都没有。鲁迅先生是他的学生，跟着他学，那时候写的论文差不多都是模仿了章太炎的东西，用真正的古文，古文本身是要找中国的自信，形式本身的探索是对自信的追寻。鲁迅在一篇很著名的文章《破恶声论》当中说，你要做国民学民族主义，这些都是伪士，都是假的，还有人说我们要成为世界人，那也都是伪士。

鲁迅有一句话，在当时的人很不好理解："伪士当去，迷信可存。"什么是迷信可存？为什么要有迷信呢？他说的迷信是中国文明里面想象力的根源。换句话说，是寻找自身自信的过程，不是一个简单的回到某个教条里面，不是"孔子曰""孟子曰"，而是在文明的基础上有创造性的想象。所以他说"迷信可存"部分的意思是在自己有自信的基础上，要有这个想象力，这一点非常有意思。

第二，甘阳先生刚才是上下五千年，纵横几万里，从东到西，各大文明都谈到了。其中提到了一个问题，他说到黑格尔的历史哲学，说文明从中国这儿开始，最后走到了日耳曼，一个新型的国家的历史终结了。还有20世纪的另外一位哲学家，雅斯贝尔斯，写过《历史的起源和目标》，其实是受黑格尔影响。在这本书里面他提过一个问题，很有意思。他认为历史所有的母体起源都在亚洲，所有的文明就是从亚洲起源的，认为欧洲人，是从黑格尔的历史观发展来的，有强烈的危机感。欧洲人最大的危机是什么？他说欧洲人最大的危机就是有一天会丧失自我意识。如果欧洲人不自觉的话，就会退回到亚洲巨大的母体里面去，因为亚洲是孕育所有文明的母体。当然这是欧洲中心的历史，也就是一个脱离亚洲的历史，脱离亚洲是欧洲意识的根源，如果没有这个不断的摆脱，有一天它就变成亚洲了。这是很有意思的一个问题，因为如果讲到这件事情，当然就会很自然地想到日本明治维新以后，日本提出脱亚入欧。现在经常有人说，不仅日本脱亚了，中国人也脱亚了，我们今天穿着西服，民族服装都没有了，我们的自我意识非常弱。在这个过程当中，有重新找回自信的问题，当年还是章太炎先生提到的，他的理解当然跟康有为先生不一样，但是最终某个面上还是比较接近的，重新来找，到底怎么来理解中国根本性的问题，重新理解中国。

甘阳先生的叙述有两个层面的问题。一个层面甘阳先生对我们的知识状况、社会的自我意识状况是非常不满的，因为我们现在完全是跟着别人，完全以别人为尺度，在自觉的层面我们已经没有自信了，所以我们老是拿别人作为一个尺度。甘阳先生另外一个讨论是说，在我们的历史实践里面，这个连续性从来没有中断，所以他说改革开放二十五年的新传统，从晚清改革以来，整个中国前赴后继，可歌可泣的20世纪的历史，是缔造中国现代文明基础的历史。要想把那个历史从我们的世界当中抹去，就谈不上我们当代世界的历史。如果你讲到20世纪，20世纪似乎也是脱亚入欧、整个学习西方、摆脱我们自己文明的一个过程，同时在另一个层面，像"五四"我们今天看成是激进反传统的文化运动，但是只要我们看一看鲁迅，甚至郭沫若，看一看陈独秀、胡适、李大钊，在他们的文化实践当中渗透的文化精神，毫无疑问是没有中断这个历史的。

有一位左翼理论家葛兰西说过一句话，他说有两种不同形态的理论——指当时的无产阶级有两种理论的形式——一种是他的日常生活实践，实践本身是一个理论，对于当时很落后的社会阶级来讲，实践的理论性要比自觉意识的理论性先进得多。实践中这个逻辑理念是对自己的历史处境当中不断应对的过程的体会，他的理论的先进性，远远超过了他的自觉意识，因为他们的自觉意识都是统治阶级的意识，别的统治国家的意识，等等。这是葛兰西左翼的理论，我们读马克思的理论就可以知道马克思的阶级理论，是从自在的自为的理论当中发展出来的。但这个理论对于我们是有启示的，这个启示就是说，我们对于自己的意识层面进行反思的过程，同时是对我们自觉的社会实践再思考的理论总结的过程，恰恰是你的理论创新，所谓寻找自信的过程，不是否定这个实践，而是把这个实践里面所体现的自己不自觉的理论的先进性，把它上升到一个高度，因为没有上升到这个高度是危险的，因为这个行为受到后面其他的意识形态、霸权的支配。所以在这个意义上，重新认识中国的过程，离不开非常具体地讨论我们的实践过程。而要理解这个实践过程，首先要了解实践的主体在哪儿，这时，一个在哲学上似乎不太时髦的观念变得有意义，就是重新来寻找主体性，也就是自信的问题。这个部分是所有的理论创造和我们实践研究根本的出发点。

刚才朱苏力教授提到费孝通先生的研究，我也想到另外一位学者，假定完全按照西方的社会科学这样走下去，中国解释不了，西方也解释不了了。当然不是要否定社会科学的学习，但是另外一方面，他用了一个中国老的概念，这时候我们要重新有智慧，我们要把智慧的视野和知识的视野重新结合起来。换句话说，智慧的视野是对我们自己习以为常的观念、方法、范式、知识本身构成一个反思的视野，自己给自己创造出这个视野，才能找到自己的自信，这是一个新型的创造过程。到现在似乎是各种各样的中国极其复杂的现实放在我们面前，我们所有的人都感觉到认识中国的困难，但是这个困难本身好像提供了一个契机，这个契机给我们一个创造性的机会和空间，这个时候好像到来了。

中 篇

"中西绘画，要拉开距离"

2006年5月在"现代性与20世纪中国美术转型"跨学科研讨会上的发言

谢谢主席，谢谢各位。我因为昨天晚上刚从北京赶回来，很匆忙参加这次会议，实在没有时间做充分准备，今天说的基本上是一些很不成熟的想法。

我的题目"中西绘画，要拉开距离"，很多人都知道这是潘天寿先生的一句话。所以我想从这句话发挥讲一些想法。从中国美术界来讲，潘天寿先生这句话是有一个背景，基本上20世纪的中国美术虽然林林总总有很多派，但比较大的两个趋势，一个可以称为"中西融合论"，主要以徐悲鸿先生为代表，还有林风眠先生等；另外一派则以齐白石、黄宾虹等为代表，比较坚持中国传统美术的道路，而理论上特别鲜明、特别自觉的表述是潘天寿提出来的，就是"中西绘画要拉开距离"，我们不妨称作"中西距离论"。

这两个分野，这两个取向，当然并不是中国美术界所特有的，在20世纪中国广义的总体的思想文化学术界，基本上都可以看出这样一个两分法。比方说从一般的思想文化的倾向上来看，以梁漱溟为代表，比较强调中国文明和西方文明的异义。另外一方面比较多的人则强调中西融合论，最有名的代表可能是钱锺书先生，所谓"东海西海，心理攸同"，强调的也是一种融合论。这样的融合论当然比较多，我们看20世纪中国的历程，不管是美术也好，还是其他文化艺术也好，毫无疑问中西融合论是压倒性的主流。理由很简单，因为在20世纪，中国人对自己传统的东西基本上都采取全面否定、全面排斥、全面批判的一个路向。所以凡是坚持传统的，虽然也有一定的生存空间，但总体上说，所有和中国过去相连的东西，都被看成是封建的、反动的、落后的。这种情况在1949年后并没有得到改变，中共掌握政权以后，实际上"中国画"曾经被取消过。没记错的话，江丰当中央美院的院长时明确地提出来，中国画不科学，所以很多国画系都被取消了，国画系和油画系合并，实际上是被排斥。相当一段时间中国画几乎跟中医一样都被看作所谓"不科学"。这样一个倾向，我想在20世纪的脉络里是比较明显的，就是说中西融合论是主流。如果以美术界来讲，中西融合论本来也有两大流派，一个是徐悲鸿的流派，比较强调融合西方写实主义的传统；另一个可能是以林风眠为代表，比较强调现代主义，野兽派、抽象派这样一些东西，但是基本倾向仍然是融合论。

当然我想强调一点，在20世纪的过程中，无论中西融合论，还是中西距离论，两者都对中国现代文化有很大贡献。

但是现在的情况有点不同，90年代后的全球化运动环境下，中西融合论可能会有另外一个变化。因为以往的，无论是钱锺书先生也好，或者是徐悲鸿、林风眠，融合大体是指"融合进来"，比方说把西方的绘画技术、技巧，或者是西方文化思想融合到中国思想里来，这种融合论是从明确的中国文明自主性出发的。但90年代到现在，大概更多的是追求被融合出去，追求"被融合"，这种融合论的背后已经没有对中国文明自主性的坚持。美术界又是相当鲜明的代表，现在的表现主要是看怎么被卖，看国际拍卖行。所以现在你说画的好坏，谁说了算？那是国际拍卖行说了算。我想我们从一个有健康常识的角度来说，大概都会承认，卖得好并不等于就是好画，卖得好的东西未必就是好的。但实际上我们并不能否认，卖得好就等于好画。因为它实际上就会被人承认，还有什么东西在今天比金钱更有说服力？他那个画，卖到几十万几百万一张，你还敢说不好？你这个画卖不出去，你还有什么发言权？

所以艺术的标准现在不在艺术，文化的标准不在文化，而在金钱，艺术界只不过是因为涉及的金钱额比较大，表现比较突出而已。我在来之前——因为我前两个月都在北京——和北大艺术系的朱青生谈的时候，我问他最近拍卖行有好几幅画拍得价钱非常高，你觉得正常吗？他说他也认为不正常。我相信艺术界的人（正好今天高名潞也在）大概都有一种矛盾心理，就是一方面他们都很赞成支持一些国际拍卖的事业，以便提高中国的绘画也好，艺术品也好，在国际市场上的价格；另一方面，就是再赞成的人，心里也会有一种担忧，认为中国的艺术会完全被金钱所败坏，而且导致标准很难维持。这种矛盾心理是可以理解的。

但是，在这样一个新的加速全球化的时代下，我觉得潘天寿他们这一代比较少数派提出的"中西绘画，要拉开距离"，或许会有一个特别新的含义。我个人认为"中西距离论"或许可以扩大为整个中国人文学术事业的一个总体性原则，它在21世纪应该得到特别强调。一个原因是，在目前的情况下再谈中西融合，很可能更多的只是庸俗化的融合论，实际也是主要融合庸俗化的东西，越融合越庸俗，越庸俗越能融合，整个全球化基本上是一个全球金融市场、金融化、货币化带来的全面庸俗化倾向，这是无法否认的。

但是在谈所谓的"中西绘画，要拉开距离"的时候，我们需要对它有一个比较确切的了解。这不是片面地要用中国绘画来排斥西方绘画，或者用中国文化来排斥西方文化。不是的。因为潘天寿他们当时提出"中西距离论"的同时实际上还有另外一个原则，就是所谓"中西文化两端深入"。这两个原则——中西拉开距离，中西两端深入——和潘天寿他们二三十年代在杭州国立艺专的教学实践经验有很大的关系。

"两端深入"就是对中国和西方两端都要做深入研究，但是两者要保持距离。这是二三十年代杭州国立艺专的一个非常明显的特点，一方面中国画有黄宾虹、潘天寿，另一方面油画有林风眠。他们所走的路线是截然不同的：潘天寿他们是完全强调中国画包括技巧技法的所有方面，致力于研究和开发中国古典绘画的可能性空间；另一方面林先生致力于研究和扩大油画和西画的空间，但是同时他们都是很好的朋友。潘天寿先生一直比较反对把油画中国化，比较反对把西方文化中国化，同时主张中国文化要拉开距离以保持自己的特长。我不久前看了潘公凯先生在十年前的文章，大概是1996年，谈当时浙江美院教学科研的方针和方向的时候，曾经谈"两端深入"的问题。这个和我个人的想法很相近，因为最近一年多我基本上比较关注中国大学的通识教育的可能性和设置问题，这个学期在清华也是在试验通识教育。我觉得应该把"两端深入"作为一个不但在美术界，而且在中国大学基本教育方面的原则，是可以通过通识教育而把它贯彻和发挥的一个可能的原则。这样一个所谓"拉开距离""两端深入"的思路，我下面把它发挥成几个方面来讲。

第一点：拉开时间的长度，以抗拒、抵抗、抵消全球化带来的空间距离的消失。

这个问题我待会儿会讲一下，因为我对目前美术界谈的所谓"当代性"——我猜想它是对西方美术界、艺术界所谓contemporaneity概念的一个翻译——有相当大的保留和怀疑，我基本上是反对的。不过当然我首先强调，我对美术界最近情况的了解非常有限。反正潘先生也在，高名潞也在，可以纠正我。我待会儿会讲这样一个问题，即全球化带来的最大的一个问题是空间距离的消逝，这会带来很多问题。我认为这种情况下不是要盲目拥抱空间距离的消逝而大谈什么contemporaneity，而是应该反其道而行之，要拉开时间的长度，扩展时间的距离，来抵消空间感的被缩短。这样的拉开时间长度的做法，在实践上意味着拉到尽可能的长。

比方说，大学的人文通识教育应该强调中国和西方两边的古典和经典。这是我最近一两年来一直在想，和很多高校的同人朋友一直在谈的问题，也就是以古典来抵消过分的当代化、当代性，以古典文化的深度和长度来抵消过分当代化的庸俗性和浅薄性，这是第二点。

第三点，我想这里实际蕴含着拉大少数人和多数人之间的距离的问题。我相信，这样一个取向，无论是拉开时间的长度还是强调经典阅读的投入，基本上会是一个比较少数人的事业。可以想见，大多数人当然是追随最现代、最当代的潮流，他们不会觉得最新的就是最肤浅的，而是觉得最新的就是最好的，最好的就是现在。这种倾向基本上有一个非常大的全球商业广告在推动，这种强调短平快、方便面式的一次性消费的东西，对大多数人来说是不可抵抗的。

我觉得刚才林毓生先生讲得特别好，说韦伯的disenchantment应该翻译成"不再迷人"，也就是说韦伯等西方思想家认为现代社会是一个"不再迷人"的社会，而中国许多知识分子却肤浅地觉得现代社会特别迷人。不过我个人觉得，问题可能并不在于中国和西方的差异，而是少数人和多数人的差异。像韦伯这样感到现代世界不再迷人、不再可爱，在西方也是少数人。大多数人都觉得很幸福，这和中国没有什么区别。因为现代社会的一个特点就是为大多数人所设计的，一种很舒服的、很自由的生活。比较痛苦的是少数人，少数人之所以痛苦，是因为他有一个历史文明的视野，他感觉到一种历史文明的消失。大多数人并不认为这有什么好痛苦的。

第四点，就是在文化和思想的领域上，要看到这些无论当代性、现代性还是后现代性的说法，所有这些最终的辩护，在西方说到底无非都是民主化，亦即思想文化也开始民主化，所以人人大谈艺术和生活没有区别，艺术家和一般人也没有区别。但我想，这里恰恰应该旗帜鲜明地提出，在思想文化上反对民主化、反对平民化。这一点我要补充一下，我十年前曾经发表过一篇文章：《自由主义：贵族的还是平民的？》，引起很大的争论。我那篇文章讲的是社会经济生活的民主化，强调平民性。这一点我仍然坚持，在社会经济层面，在物质生活资料的分配上，要强调民主化和平民化。但是在思想文化上、艺术上，要强调贵族化，反民主化，反平民化。我认为这两点并不矛盾而是互补的。

最后一点，如果回到中国文化的脉络上，这实际同时意味着在中国要重新建立"成年人的文化"，来抵制青少年文化。我想，某种意义上中国古典文明基本上是一种中年人的文化。我之前在北京和潘公凯先生有一次很长的谈话，也就是这次谈话使我改变行程，来参加这个会。我想有一点非常有启发，就是以国画而言，确实青少年是不大会欣赏的，这是一个事实。油画五彩鲜艳，小孩儿一看到就很高兴。同样，虽然你可以说唐诗宋词小孩也能读，但是我觉得真正比较有领会的恐怕也是中年人。我觉得中国古典文明无论在哪一个境遇里，它基本上都是成年人的文化。当代中国，包括香港在内，一个很大的危机是成年人文化的完全失落。

因为我涉及领域比较多，这里可以谈一个社会学的问题：中国现在某种意义上是没有"父亲"的。现在父亲都不像是父亲，父亲并没有资格教育儿子，而是儿子来教育你。这个很简单，因为儿子玩的肯定是最新的、最先进的东西，而且代表西方文明最新的发展，你怎么可以说他呢？现在五六岁的小孩玩的各种游戏、各种东西，大人都不懂，他们觉得很羞愧，自尊心是完全没有的。社会学界有几个人在做调查，我觉得这是一个非常严重的问题。因为父母亲自己没有好坏的标准，什么都不敢说。任何东西只要它是流行的，一定是好的。这样你就完全放弃了父母的责任。这会导致一个结果，即不仅是中国，而且大概所有非西方社会，和西方社会会有一个差异，这个差异在于，西方虽然也是青少年文化非常蓬勃，但是西方的成年人文化并没有崩溃。所以在青少年文化之上，仍然有一个成年人文化在支配着，或者至少平衡着。没有让青少年文化支配全社会的趣味和话语。

但中国却越来越为青少年文化所支配。我们可以看见，中国现在整个社会都"青少年化"，而且年龄是越来越小：作家年龄越来越小，画家年龄越来越小，"超女"的年龄越来越小，都在办五六岁的"超女"了。我最近在北京待了两个月，令我大吃一惊的地方是家长都趋之若鹜要把小孩子送去做"超女"。我们如果从香港来看也一样，看最近十年好了，歌星年龄越来越小。Twins大家都知道的吧，十五岁出道的吧？下面肯定还要早，十三岁、十二岁，然后越来越小，以后可能是五六岁；而且淘汰率极高，不可能耗很长的，一年左右就报废，以后可能只红半年就完了。娱乐圈如此，我们的大学也好不到哪里去。我1999年刚到香港大学的时候，香港一般来说拿到一个项目要做三年研究，以后变成两年，现在都是一年，有些研究项目甚至是六个月和四个月，钱刚刚拿到，还没有焐热，已经要交研究报告了。这都算什么研究，都是快餐速食。

这种现象现在是弥漫性的，要为此找到一些根源。

我觉得我们都有一种相当的无力感，无法抵制。很大的体制力量，全球化力量，在推动着所有这些东西。最近一年多我基本上觉得，唯有一个可以着手的地方，就是教育。应重整中国教育，特别是大学教育，因为中小学教育你也管不了，这个已经是没有办法的了。大学教育是不是有可能，因为这会直接牵扯到学者和知识分子可以用力的地方。如想纠正这样一种极端性的、一切只讲"当下性"和"当代性"的倾向，很重要的一点是看中国的学者也好、艺术家也好，是不是还有可能重建一个中国自身的学术文化共同体。全球化之后所有的东西都是发散性的，支离破碎，互相之间没有共识，因为每个人忙于应付自己的小小专业中一点点的所谓研究项目，实际上是些越来越鸡毛蒜皮的东西。

这样的状况通过通识教育也许能够改观。这次和清华大学合作，我觉得中国的通识教育应该简化，不要这么多五花八门的、学什么"哈佛方案"。你看美国20世纪的通识教育的历史，从哥伦比亚大学的模式来看实际上比较简明。我和很多朋友在谈的问题是，中国大学通识教育可以简化，贯彻"两端深入"的原则，建立西方文明和中国文明两个科目作为通识教育的主干。当然这个马上会受到台湾朋友的批评，认为我仍然没有"杂多文化"的观念。这个问题，我有我自己的看法，因为在我看来美国学院里流行的所谓"杂多文化"，根本就是一个虚像、假象，在美国哪里有什么"杂多文化"？根本就只有一个文化，就是"美国文化"。我的老师布鲁姆（Allan Bloom）就曾经尖锐批判西方学术界近年来大谈非西方文化的时髦即所谓"杂多文化主义"（multiculturalism），认为这种"文化民主化"时髦其实根本就没有向非西方文化学习之心，而只是把美国流行的"文化研究"特别是性别研究、种族研究或同性恋研究这类"政治正确的学术"输出到非西方国家。这恰恰是一种"恩赐"心态，是一种"伪装的新帝国主义"（a disguised form of a new imperialism）和文化上的"美国和平队心态"（the Peace Corp mentality）。在他看来，今日以"文化研究"为名研究非西方文化的学术工业越发达，所有非西方文化也就越被加速美国化，结果只能是"杂多文化成为美国校园文化，而美国校园文化成为全球知识分子文化"。[1] 我很同意他的这个批判。因此我的基本想法是，中国大学的通识教育不能仿效现在美国特别流行的表面上的杂多文化主义，杂七杂八什么都来

---

〔1〕 参见甘阳《政治哲人施特劳斯》，香港：牛津大学出版社，2003年。

一点，而是应该一方面以中西文明两方面作为主干，另外一方面以经典文本阅读为中心。假定有这样一种可能性的话，或许会有利于重建一个比较长的历史文明视野。[1]

我现在就回到我刚才讲的第一点，稍微做些发挥。我觉得全球化最大的问题，而且很多人比较标榜的，是空间化这个概念。空间化概念某种意义上并不是我们日常经验所理解的空间距离，相反，它意味着空间距离完全消失。最明显的是在社会理论方面。西方社会理论原本的基本构架是一个时间概念，如传统与现代，传统社会与现代社会，传统文明与现代文明，是以时间向度作为基本构架的。全球化之后，90年代以来，所有社会理论都是在强调空间化。所谓空间化就是说，因为航空距离的缩短，加之电子信息等所有网络系统进一步导致空间距离消失，因此所有的地方，所有的人，所有的东西都是同时性的、当代性的，没有也无所谓"传统"，无所谓相对传统而言的现代，大家好像都在同一起跑线，都是一个全球化标准时间。这样大家似乎都很happy。但这样一来其实造成了一个非常大的问题和假象，因为

---

〔1〕 参本书下篇《大学之道与文明自觉》。

它使得所有文明的历史维度、深度统统消失，整个世界变得日益空洞化。

我刚才说我比较怀疑美术界的"当代性"概念，我觉得"当代性"概念背后——这一点可能高名潞可以纠正我——实际上是全球化带来的一个空间化的概念。虽然我们都知道，对这样一种概念，从西方学界开始都比较焦虑，因为它意味着一切都越来越一体化，越来越单一化、同质化，所以你看到现在很多人谈所谓差异。但是我们今天必须承认一个非常古怪的现象：这就是越谈差异，越没有差异；越谈所谓杂多文化，越没有杂多文化，都是一样。你再看青少年文化，看广告文化，完全是单一化和单调性的。表面上看好像越来越个性化，其实越谈个性越没有个性。你去看看博客网上的大学生，全都一样的，千篇一律。这是表面上的个性化，而实质恰恰没有个人自我。

这样的状况，到底如何纠正？我刚才提出一个想法，就是拉长时间维度和历史视野。中国文明数千年，西方文明也比较长，如果拉长时间距离和历史维度，或许可以抵制这样的当代性同质化。我强调要同时拉开中西文明的距离，而不是在全球化时代继续追求中西融合论。包括中国人研究西方，同样要和西方人研究西方拉开距离。中国人研究西方有自己的考虑，有自己的文明背景和视野，有自己的问题意识。而他们考虑的问题在深层背景上往往和中国学者研究中国方面可能更一致，虽然他们用力方向不同，我觉得这就是所谓的"拉开距离、两端深入"可以开展的地方。当然，我觉得这点非常困难，几乎不可能，尤其在现在的时刻。中国的一个吊诡，在于经济发展到最高的时候，恰恰中国文明底气低到无以复加的地步。什么时候底气能够稍稍有点恢复？最近作家余华说：已经落到底了，总要有点儿恢复吧。大家都希望如此，但是，虽然落到底部了，它还可以横向继续蔓延，它可以在面上蔓延。所以你还恢复不起来，它还要往下沉。我想大概还要十年以后、十五年以后，才会有点希望。在这个情况下，我对一些朋友提出了一个建议：在全球化时代，要勇于做"反动派"，中国文化最大的问题是没人敢做"反动派"。所以整个20世纪很少有"反动派"，都是现代派。我觉得如果有一大批人敢于做"反动派"，那么中国文明可能还有点儿希望，还有点儿救。

　　谢谢大家。

评　论

潘公凯（中央美术学院院长）：

甘阳先生是在国内、在很大的范围内有重要影响的学者，他刚才提出的这些问题，我觉得对我个人的启发非常大。他借用潘天寿的"拉开距离"这样一个说法，其实提出了一个非常重要的、策略性的思考。比如说要拉开时间的长度来抵消空间的缩小，而且要拉到尽可能地长，避免过分的当代化，以及要拉大少数人和多数人的距离，反对平民化，要区别于青少年文化，同时提出了要建立我们自己的学术文化共同体和恢复经典文本的阅读等。这些问题我个人觉得是非常具有当代性的。在我看来，这是对中国目前正在发生的情况最敏锐的一个反应，最敏锐的一种策略性的反应。

我自己也是这么想的。正像甘阳先生自己做通识教育的尝试一样，在我们的中央美术学院里面，我想强调对于传统文化深入的研究。在这种研究中，我希望不必夹杂太多的融合因素。我在80年代跟名潞一块儿争论的时候，就提出能不能够在二十年或更长的时间中，使中国画保持它的相对封闭性；如果中国画不能保持相对封闭性，其未来发展是无从谈起的。当时我是这么一种观点。一直到现在，我的主张也不太有人拥护，封闭性说了半天封闭不起来。所以说实在的，现在中国画的发展几乎已经失去了标准。就像刚才甘阳先生讲到，就是没法评判了，大家都在平面化，水平普遍都提高了。现在的大学生能画出来的技巧，以前50岁的人可能都不一定能达到，但是大师是没有了。谁能说谁是一流画家？谁都说不了。这个平面化的现象是非常明显的，整个文化现象确实是在向青少年化的方向发展。我是很赞成刚才甘阳先生提出来的一种策略性的思维。我在中央美术学院里面既强调美术史系和中国画方面要保持传统，要把传统做深，不要搞些稀奇古怪的新玩意儿，我觉得没有多大意思。但是我在中央美术学院外面建立了一个小小的分院，是以设计教学为主的。我对分院提出了一个非常年轻化的主张。这个分院叫作城市设计分院，我给他们的发展方向提了三个词：一个叫作城市，一个叫作青少年，一个叫作时尚。这个分院做的就是最时尚最前卫的东西。因为设计教学在美术学院里面已经是非常国际化、全球一体化的理念，在这个大家都国际化、都全球一体化的情况下，我们中央美术学院如何做出特点呢？我说你们要比他们更加平民化，更加年轻化。年龄段，针对17岁——我明确地对分院的教学提了这么一个要求。其实在做的过程当中，我跟甘阳先生虽然没有密谋过，但是想法好像非常一致，就是有一部分人，你就去做传统文化，你就做深，你就做中国画。中国画说白了是老年文化，或者是中老年文化，到了40岁才能有所理解，20岁的年轻人跟他怎么讲都讲不通的。这部分人，你给我专门做好这一部分；然后我也不否定，我也非常赞成"博客"和"超女"，就有一个学校专门去研究"超女"，专门去研究"博客"，我把它分开。这是个拉开距离的思路，在操作上能否行得通，我们正在试着做。

下　篇

大学之道与文明自觉

2005年6月22日在清华大学的演讲

打造中国的精英

今天在清华大学这个地方演讲关于大学的题目，我要首先为"精英教育"辩护。今天很多人似乎都不大敢提精英教育，因为一提精英教育，就会引来很多批评，说你为什么不关心平民和平民教育。我不怕这种批评，因为我认为这种批评是错误的，是混淆不同的问题。很简单地讲，我以为中国大学的使命就是要打造中国的精英，而清华、北大这样中国的顶尖大学，其使命就是要打造中国的顶尖精英。

但我所谓"打造中国的精英"，并不是指要把中国的大学生培养成西装革履、一口英文的那种类型，这种类型往往有文化自卑感，多半是伪精英。一个真正的中国精英首先必然地具有文化自信，这种自信从根本上来自于对中国文明的充分自信。打造"中国的精英"，就是要打造对中国文明具有充分文化自觉，从而对自己作为一个中国人具有高度自信的有教养的中国人。但也是从这种角度来看，中国今天恰恰是一个极端缺乏精英和精英意识的国家。

上个月我在清华大学公共管理学院演讲时（按：即本书上篇《新时代的"通三统"》）曾经指出，从世界文明史的角度看，21世纪的主题是中国，问题是我们中国人自己现在似乎还没有充分意识到这一点。中国的崛起和当年所谓亚洲四小龙的崛起具有完全不同的意义，亚洲四小龙的经济崛起只有区域经济史的意义，并不具有世界文明史的意义。但中国的崛起，中国文明的复兴，是一个世界文明史的事件，这是西方人今天看中国的角度，因此现在整个西方都在紧张地观察和研究中国会怎么样。当然西方有各种各样的看法，有一种看法是认为或者说是盼望中国会垮台，会崩溃；还有一种看法则是认为中国文明的崛起将会根本改变世界的格局，包括改变数百年来西方主宰世界的格局，因此西方必须要认真对待。

　　不管怎么样，在21世纪，中国文明的任何一举一动影响到的将不仅是中国，而且是整个世界的文明进程，整个人类文明史的进程。因此，今天提出"打造中国的精英"，就是指要培养当代中国的大学生达到充分的文化自信和文化自觉，能自觉地认识中国文明在当代世界中举足轻重的地位，自觉地去认识中国的崛起并不仅仅是中国文明史的事件，而且是世界文明史的事件。因此我今天的演讲题目，虽然与上个月在清华公共管理学院的演讲题目不同，但两者贯穿的其实是同一种关切，那就是21世纪的中国人是否能够具有充分的文化自觉。不过今天是从大学的角度来追问，亦即要追问当代中国的大学生是不是能达到这样的文化自觉，追问现代中国大学是否能担当起这样一种文化责任，是否能成为中国文明的担纲者。因为任何一种伟大事业，任何一种文化复兴，必定有其担纲者，而在现代社会，这种文化复兴的担纲者非大学莫属。

这里我要引用美国伯克利大学前校长克拉克·克尔（Clark Kerr）说过的话：伟大的大学是在历史上的伟大国家的伟大时期发展起来的。换言之，一个二流三流的国家是不可能产生伟大的大学的，一个没有文明根基的国家是不可能发展出伟大的大学的。我们知道，最近英国《泰晤士报》的全球大学排名将北大排在全世界大学的第17位（按：2005年《泰晤士报》的新排名榜进一步把北大提升到第15位）。我们需要老老实实承认，这其实是考虑到文明潜力和国家地位的排名，并非单纯根据大学本身的实力。北大现在并不具备这样世界领先的实力，这是从中国文明在当今世界的地位，以及北大在中国的地位来衡量北大在全球大学中的位置。但是，这个排名却点出了非常重要的一个方面，那就是北大、清华这样的中国大学，其前途和命运是与中国这个文明、中国这个国家的前途和命运联系在一起的。所以最近我们在香山开了三天会，议题是"中国大学的人文教育"。[1] 杨振宁先生在开幕的时候提出了四个字："文化自觉"，亦即中国大学的一个根本任务是要唤起中国大学生的文化自觉。今后二三十年，或许是中国文明复兴的最关键时期，也是中国大学发展的最关键时期。如果中国人对中国文明本身没有信心，如果中国人对中国文明的传统以及中国的一切总是抱着一种否定的态度，那么可以肯定，中国的大学是办不好的。反之，如果中国人和中国大学生能够具有充分的文化自觉，如果中国的大学牢牢地植根于中国文明的最深处，那么，即使今天中国的大学仍然很不理想，但我们有理由期望，经过一两代人的不懈努力，中国的大学作为伟大中国文明的担纲者将会成长为伟大的大学。

---

[1] 会议论文已经出版，参见甘阳、陈来、苏力主编《中国大学的人文教育》，北京：生活·读书·新知三联书店，2006年。

大学的文化之根

但也正是在这里，我们立即可以发现中国大学的致命伤，这就是中国的现代大学是没有根的，是没有自己的文化根基的。因为中国现代大学从一开始就没有植根于中国文明传统之中，事实上中国现代大学的诞生恰恰以与中国传统文明断裂为标志。这只要比较中国最早的两个现代大学方案就可以看出。中国的第一个现代大学方案是晚清政府在1904年公布的，当时设计的中国大学共分八大科，其中第一科为经学科，下分十一门类，全部都是关于中国古典文明的教育的。但1911年民国建立后，1912年民国政府又公布了一套新的大学方案，这个1912年方案与1904年方案的差别是：它把1904年方案的八科变成了七科，也就是把原先的第一科全部砍掉，把中国古典文明教育的内容全部砍掉，称之为清除封建余孽。从此，20世纪以后的中国高等教育就把中国古典文明教育以"封建""反动"的名义全部清除出去了。诚然，专门研究中国古典文明的专家仍然有，但那是专门性的研究，并不是把中国古典文明和中国经典文本作为所有中国大学生最基本的共同教育。可以说，20世纪中国普遍的彻底的反传统心态，特别是这种反传统心态在中国教育，尤其是高等教育中的制度性体现，乃从根本上造成了我们今天普遍感到的文化底气不足，这也正是今天中国极端缺乏精英的根本原因。

从回顾的立场看，如果1912年新方案能够延续1904年的方案，如果中国的现代大学能始终把中国古典文明教育放在大学的重要地位，那么中国的文化状况将相当不同。但我们现在提出这一问题，并不是要简单化地否定当年反传统的正当性，而只是要指出，时代已经完全不同，今天必须重新审视这一问题。20世纪那种普遍的反中国传统的心态和行动，在21世纪必须彻底扭转，否则我们将永远处于文化无根状态。

今天中国的所有大学都在学美国的大学，号称学美国模式。但我以为，中国大学目前的"学美国"，实际只是在学其皮毛，而并未学到其根本。因为中国大学几乎从来没有问过，美国大学的根在什么地方。因此我在下面将把中国大学与美国现代大学做一比较。我将指出，美国大学的生命力在于其自觉地植根于西方文明的深处，这最突出地体现在美国大学的本科通识教育体制中。

简单地说，美国大学并非只有那些专家才研究西方古典文明和西方经典，而是每个本科生首先都必须接受高度强化的西方古典和经典教育。但这种现代通识教育制度并不是自然而然地形成的，相反，美国现代大学实际和中国现代大学一样，在其最初同样经历了传统的断裂和经典教育的断裂，而且这一断裂的时间实际也正相当于中国的清末民初，亦即中国现代大学的形成期。但不同的是，在美国，这种传统断裂和经典教育断裂的状况，不久即通过建立现代大学本科通识教育体制而得到了扭转。我个人认为，美国大学对我们确实特别有参考借鉴的价值。但我要强调，美国大学比较好的制度都是长期努力的结果，并不是自然形成的，他们也曾经面临和我们同样的问题。我认为我们要了解美国大学，至少要从现在往前追溯一百年，要对美国大学及其通识教育制度从20世纪初以来的历史形成有一个基本的深入的认识，这样才能对我们有真正的参考借鉴意义，否则我们的大学就会永远只是追逐一些泡沫似的在那里做些东施效颦的举动。因此我下面想对美国现代大学的这个历程做些简略讨论。

就社会经济发展状况而言，我们中国今天的情况非常类似于美国的现代转型期，这就是美国南北战争以后的1870—1940年间。当时美国的情况和今天中国的情况很相像，也是经济高速起飞，但社会急剧分化，贫富差距迅速拉大，道德沦丧，腐败、黑帮盛行。一直要到1933年以后的所谓"罗斯福新政"才基本奠定一个新的政治秩序，亦即拒绝"市场放任"的发展方式，而采用国家干预来调节市场，缩小贫富分化，缓和社会矛盾，逐渐达成社会妥协。

美国的现代大学制度也正是在1870—1940年期间逐渐成形的。一般公认美国现代大学的起点以两个新型大学的建立为标志，这就是1876年建立的新的霍普金斯大学，和1890年建立的芝加哥大学。在此之前，美国虽然也有历史悠久的哈佛和耶鲁等老的学院，但这些并不是现代意义的大学，其目标是培养本地区本教派的牧师及其政治领袖。这些老学院长期实行的是西方的传统教育，即以希腊文和拉丁文为中心的西方古典人文教育。这种西方传统教育模式以英国的牛津、剑桥和法国的巴黎高师为代表，常被称为西方大学的英国模式。这种西方古典教育模式和中国古典教育模式虽然在具体内容上不同，但其精神实质是相当一致的，这就是都着重古典语言训练、经典文本研读和古典文化的熏陶。这种以人文教育为核心的教育，目的是培养具有高度古典文化修养的统治精英。英国上层阶级向有名言：虽然希腊文和拉丁文对于管理印度殖民地毫无实际用处，但只有精通希腊文和拉丁文的人才能统治印度！美国传统的教育制度基本是照搬这种英国模式，哈佛、耶鲁和哥伦比亚等老学院的传统入学考试都要首先考希腊文和拉丁文。

但随着1870年以后美国开始现代转型和高度经济发展，美国老学院的传统人文教育也被看成不适合社会经济发展，导致美国教育制度在19世纪末开始重大的转向。霍普金斯大学和芝加哥大学的建立之所以被看成美国现代大学的起点，就是因为他们当时代表新的大学方向，这就是所谓以"德国大学模式"取代以往传统的"英国大学模式"，不再强调传统的古典文化的人文教育，而是强调以自然科学研究方法为取向的"研究"为主的专业性教育，尤其着重发展自然科学和技术科学的研究生院，建立专业性的系科、研究所和研究中心，而当时新兴的社会科学也主要以自然科学为模板。不但新建的霍普金斯大学和芝加哥大学标榜所谓德国模式，而且老的学院如哈佛等也都开始转向这种现代研究型的德国大学模式。与此相应，美国的大学相继取消传统的希腊文和拉丁文考试要求，例如老牌的哥伦比亚大学在1897年正式取消了传统的希腊文入学考试规定，到1916年则进而取消了拉丁文的入学考试要求。这实际意味着，美国以往的以古典语言和古典文化教育为中心的传统教育体制到19世纪末基本瓦解。

但是美国现代高等教育发展的特点就在于，它并没有沿着所谓"德国大学模式"这条路一直走到底，并没有完全以新的取代旧的。

首先，在1870—1940年这一现代大学转型期，虽然很多老的学院如哈佛、耶鲁、哥伦比亚等，都仿效霍普金斯大学和芝加哥大学的德国模式而转型为现代研究型大学，但相当数量的老学院，即所谓传统的"文理学院"（liberal arts college）却并没有追随这一"时代潮流"，它们仍然坚持自己传统的英国模式的古典人文教育，并不追求"升级"为所谓研究型大学。

更重要的是，新型的研究型大学本身，从20世纪初开始就出现了拨乱反正的潮流，关于大学发展道路的激烈辩论在二三十年代达到白热化的阶段，而辩论的中心恰恰就发生在原先作为新大学样板的芝加哥大学：1934年发生在芝加哥大学的教育大辩论轰动全美，史称"芝加哥之战"（Chicago Fight），是美国高等教育史上影响非常深远的辩论。

下面我将举两个标志性文献来说明，一个是芝加哥大学校长哈钦斯（Robert Hutchins）1936年发表的《高等教育在美国》（*The Higher Learning in America*），该书

第三章即题为"通识教育"（General Education）；一个是哈佛大学校方1945年发表的《自由社会的通识教育》（*General Education in a Free Society*）。这两个文献的精神一脉相承，比较有代表性地阐明了美国现代大学通识教育的基本理念。最后我会再谈到1987年斯坦福大学的通识教育改革，这个改革导致通识教育问题在90年代初中期成为美国的头号政治辩论。但我们只有首先了解美国20世纪上半叶的大学通识教育实践，才有可能了解何以大学通识教育问题的辩论在20世纪末竟会成为美国的头号政治辩论。

哈钦斯的大学理念与芝加哥大学的转型

今天谈到美国高等教育史以及美国大学的现代通识教育，大家一定会谈到一个人：芝加哥大学校长哈钦斯。芝加哥大学现在被普遍看成是美国大学通识教育的重镇，因为它的本科通识教育制度特别发达。但这并不是芝加哥大学从1890年建校开始就形成的传统，一切都是从哈钦斯入主芝加哥大学以后才开始的。哈钦斯于1929年入主芝加哥大学，当时他刚刚30岁，是美国最年轻的大学校长。但他主持芝加哥大学后不久，即开始对当时的美国高等教育状况和方向发起了全面的批判，他批判美国的高等教育已经完全走入歧途，充满了功利主义、实用主义、专业主义、唯科学主义、唯技术主义、唯市场取向的庸俗化方向。哈钦斯1936年发表的《高等教育在美国》，如果把书名中的"在美国"改成"在中国"，几乎完全可以适用于我们中国现在的情况。他一开头就指出，美国教育从中学到大学全都混乱之极，完全失去教育的自主方向，例如中学只为大学考试服务，却完全不顾当时大多数中学生并无机会继续上大学，同样，大学本科完全只为考研究院服务，却完全不顾大多数学生并不继续入读研究院；同时，各种适应市场需要的新兴科系在大学内不断增生，导致大学日益成为就业培训所。哈钦斯大声疾呼，大学这样下去将根本丧失"大学的理念"或"大学之道"，只能成为乱七八糟的大杂烩。

哈钦斯强调，大学之道首先在于所有不同科系、不同专业之间必须具有共同的精神文化基础，这就要求所有不同科系、不同专业的人应该在大学内接受一种共同的教育，这就是他提出的"通识教育"主张，所谓"通识教育"就是对所有人的"共同教育"（common education）。在哈钦斯看来，如果现代大学没有这样一种"共同教育"，那么专业分工越来越细的各不相同的系科和专业根本没有任何共同性，也没有任何共同语言，完全没有必要都凑在一个大学里边，这徒然增加管理成本、导致行政膨胀，根本没有意义。各系科专业何不各自成立自己的专业学院？而且大多数以市场就业为目的的系科也根本不需要四年的教育，两年就完全够了，何必浪费家长的钱和学生的时间？哈钦斯提出，大学之所以为大学，就在于大学必须具有自己独立的教育理念，而不能完全被外在的市场和就业需要所决定。大学应该作为现代社会的头脑领着社会走，而不是成为市场的奴隶被动地跟着社会走。

哈钦斯由此提出现代大学只有发展通识教育或共同教育才符合大学之道的思想，因为只有这种通识教育才能沟通不同系科、不同专业的人，从而建立大学所有师生的共同文化语言。而更重要的是，只有这种通识教育才能沟通现代与传统，使文明不致断裂。因为他认为现代大学通识教育的内容必须属于"永恒学习"（permanent studies）的范畴，亦即这种通识教育的内容并不是现代人在现代社会的特殊问题，而是人类之为人类永远需要探讨的永恒内容和永恒问题，这就是他所说的探讨"共同人性"（common human nature）以及"本族群的属性"（the attributes of the race）。哈钦斯强烈批判现代人的狭隘"进步观"，强调大学并非仅仅是"创新之所"，而首先是"文明传承之所"，大学应该是人类文明历代积累的文化精华的储存所，并通过现代通识教育使一代又一代的学生首先能够吸取和掌握这一共同文明财产，从而才能成为一个"有教养的人"（an educated person）。

正是在这里，哈钦斯提出了他最著名的主张，即认为对西方人而言，对"共同人性"以及"本族群的属性"这种永恒性的研究，其精华首先体现在西方文明自古以来的历代经典著作中。因此，美国现代大学通识教育的基本内容就是要让大学生在进入专业研究以前，不分系科专业全都首先学习"西方经典"或所谓"伟大著作"（Great Books）。他认为，虽然现代没有必要再像以前那样坚持以希腊文和拉丁文为中心，但必须以现代语言和现代教学方式重新阅读和重新研究这些"伟大著作"，否则现代美国大学就会没有共同精神基础，没有共同文化根基。而哈钦斯在实践上的最大雄心和目标，就是要在芝加哥大学内建立一个新的四年制本科生院，四年时间全部用于他这种以阅读经典为中心的通识教育。

但哈钦斯的理念在当时的美国成为众矢之的，最强烈批判反对哈钦斯理念的首先就是当时芝加哥大学的教授们，尤其芝加哥大学的自然科学和社会科学教授们最初几乎全体一致地强烈反对哈钦斯校长的主张。这是因为芝加哥大学在1890年建校开始就代表美国最新型的研究型大学，学校完全以研究院为主，所有的院系都高度强调专业化研究，强调要让学生尽早进入专业研究。他们因此认为哈钦斯的通识教育计划简直是发神经，认为他是传统主义、复古主义，想要现代大学倒退回中世纪的学院。于是，整个30年代芝加哥大学内部都处于严重分歧甚至分裂状态，哈钦斯的方案多次被否决。但到1942年，哈钦斯的四年制本科生院方案终于被通过，芝加哥大学由此建立了美国现代研究型大学中最强化通识教育的本科教育体制，芝加哥大学的本科生院也由此而以"哈钦斯学院"闻名。与此同时，哈钦斯更于1943年建立了日后闻名全美的芝加哥大学"社会思想委员会"（最初实际拟名为"文明委员会"），这是在博士阶段不分系科专业而致力于综合人文研究的特殊高等学术研究机构。

哈钦斯的大学理念和通识教育理念，可以说是力图把西方古典人文教育的理想和传统重新移植到现代研究型大学，并加以现代改造。虽然芝加哥大学以后的本科体制也和美国多数研究型大学一样，改为本科前两年接受通识教育，后两年往专业方面分流，但哈钦斯时代奠定的传统，尤其是现代通识教育以经典阅读为中心的传统，使芝加哥大学以后被公认为大学本科通识教育的典范。同时应该强调，芝加哥大学之强调本科和通识教育，丝毫没有削弱其研究型大学的地位，事实上芝加哥大学是历来获诺贝尔奖人数最多的大学。在美国，芝加哥大学尤其以能够出各种学派闻名，例如芝加哥社会学派，芝加哥经济学派，芝加哥古典政治哲学学派，等等，这在美国大学中是非常罕见的。因此说来有趣的是，哈钦斯校长在芝大改革的时候，很多教授都恨死他了，但以后大家都以他为荣，直至今天人们仍然津津乐道"哈钦斯的芝加哥"，似乎芝加哥大学不是在1890年建立，而是哈钦斯来了才真正建立一样。而且芝加哥大学的历代校长，人们也几乎只记得一个哈钦斯。可见，一个理念的推行需要一种相当的坚持。要坚持自己的理念，说不定哪天它就实现了。

哈佛三校长与哈佛红皮书

芝加哥大学的转型并不是一个孤立的现象。事实上正如克拉克·克尔后来总结美国现代大学历程时所指出的，在19世纪末德国模式冲击以后，从20世纪30年代开始，传统的英国大学人文教育模式重新开始在美国发挥影响。到40年代和50年代，美国现代大学的模式终于基本成形，这种新的大学模式就是克尔所说的"英国模式加德国模式"的混合型大学，亦即本科教育更多秉承英国模式的传统，而研究生教育则采取德国模式。

克尔指出，哈佛大学长达八十年的现代转型过程正是这方面最典型的例子。因为在这八十年（1870—1950）转型过程中，前后相继的三位哈佛校长恰代表上述的三种模式，即第一位现代校长把哈佛引上德国模式，第二位现代校长走回英国模式，而第三位校长则致力于综合而形成"英国模式加德国模式"的混合模式。这里的第一位现代校长就是指1869—1909年任哈佛校长的埃略特（Charles Eliot），他在任期间首创美国大学的选修课制度，同时着重发展研究生院和专业学院，把哈佛从一个学院转型为德国现代研究型模式的大学。可以说，哈佛之真正成为一所大学，始于埃略特时代，始于1870年以后的发展。但是，随后于1909—1934年继任哈佛校长的劳威尔（A. L. Lowell），其理念则恰恰接近哈钦斯，他和哈钦斯一样明确反对埃略特校长实行的选修课制度，而且反对把重心放在研究生院，走回着重强调本科生院和本科必修课的英国模式。而后于1934—1954年继任哈佛校长的科南（James Conant）则走综合道路，使哈佛最终走向美国的混合型大学模式：本科教育秉承英国模式，强调通识教育，注重文化传承，而研究生教育则采取德国模式，注重研究，注重创新。

美国大学在40年代和50年代形成的这种现代大学及其通识教育理念，特别集中地体现在哈佛大学在科南校长领导下于1945年发表的著名报告《自由社会的通识教育》（俗称"哈佛红皮书"），这个报告被公认对"二战"以后的美国大学具有广泛的影响。我们或许知道这位科南校长是美国政府"二战"期间和战后制订原子弹发展计划的重要人物（从哈佛卸任后又担任战后美国驻西德大使），但却未必知道这个科南同时也是推进美国大学现代通识教育的重要人物。我特别要强调的是，哈佛这份区区两百页的报告，起草却用了两年半的时间，而且是在"二战"正激烈的1943年1月开始，一直工作到

1945年6月。在这两年半的紧张战争年代，科南却召集了美国一批第一流的学者每个星期聚集在一起开会讨论"通识教育"的问题，好像大学通识教育的问题要比前线的战争更紧迫，可见他们对于"通识教育"的问题是何等重视、何等认真。事实上他们确实认为通识教育的问题比原子弹更重要，因为原子弹归根结底是要人来掌握人来控制的，而人成为什么样的人则是由教育的目的和方向来决定，不是由原子弹有多大来决定的；而且人是否能成为负责任的道德主体，也不是由专业化的博士生教育所决定，而是由基本的人文历史教育所塑造。因此他们认为这一"大学本科通识教育"问题，关系美国的根本，关系美国的未来。而我们国家现在对通识教育没有这样的基本共识，所以讨论问题往往无法深入，更难以理解一个小小的通识教育问题怎么要讨论两年半。

这里实际可以指出，美国现代大学通识教育的形成，事实上与美国参与两次世界大战有密切关系，而且是由美国联邦政府推动的。首先，美国在第一次世界大战参战时，很多美国公民不明白为什么美国要卷入欧洲事务，因为美国建国以来开始的整套教育都强调美国是新大陆，而欧洲是腐败的旧大陆，为什么美国要去管欧洲的烂事？所以美国联邦政府痛感有必要对美国公民进行西方文明史教育，要他们明白美国与欧洲文明的关系，以及美国参与欧洲战事的必要性。于是，联邦政府向各个学校拨款，希望大学建立相关课程对美国学生进行公民教育。因此当时许多学校开设了这种课程，课程名字最初就叫"战争目的"（War Aims）或"战争问题"（War Issues）。但哥伦比亚大学的教授认为，既然这个"战争目的"课是要说明美国文明与欧洲文明之间的关联，因此他们从1919年开始把这个课逐渐发展成了较系统的"西方文明"课程，规定全校一年级必修，当时是每周上课五天，每天三课时。这一模式后来成为美国各大学"西方文明史"课程的样板。斯坦福大学等也是在此期间开"战争问题"课，最初课程名为"公民问题"（Problems of Citizenship），十年后正式定名为"西方文明"课，基本模仿哥伦比亚模式。美国现代大学通识教育的起点，现在一般都被推前到认为是起源于1917—1919年的哥伦比亚大学，原因即在这里。

如果说美国参与第一次世界大战促成了哥伦比亚等各校把"战争目的"课发展为"西方文明"课，那么第二次世界大战则更在美国引发了普遍的"西方文明危机感"，这恰恰是美国的大学正是在"二战"期间大力推动了通识教育发展的最深刻动因。科南校长在为哈佛1945年报告所写的导言中一开始就指出，正是战争极大地推动了美国对教育问题的广泛讨论，以至恰恰是"二战"期间，几乎每一所美国大学都成立了专门的委员会，深入讨论今后教育特别是通识教育的问题。科南指出，无论在信息时代可以获取多少信息，无论在技术时代能发展多少专业技术，无论数学物理生物科学如何发达，无论可以掌握多少外国语言，所有这些加起来仍然不足以提供一个真正充分的教育基础。因为所有这些加在一起仍然没有触及最基本的问题：什么是"我们（美国）的文化模式"（our cultural pattern），或什么是"传统形成的智慧"（the wisdom of the ages）。科南提出，现代通识教育的核心问题是继承西方古典的人文教育传统，关注的是"如果我们的文明要保存"而必须考虑的最基本问题，这些看法显然与哈钦斯的理念相当一致。

如果说哈钦斯1936年的《高等教育在美国》引起的是激烈的争辩的话，那么哈佛1945年报告则更代表"二战"结束后美国大学的共识。这个报告实际可以看成是对30年代"芝加哥之战"以来的长期大辩论所作的理论总结。这个报告对"通识教育"的理解，与哈钦斯提出的"通识教育"理念一脉相承，其特点是进一步从社会理论的高度出发，强调"通识教育"的目的是要以"共同教育"奠定不仅是一所大学的共同文化基础，而且是要奠定美国现代社会的共同文化基础，实际就是要打造美国文化共同体或"美国文化熔炉"。

哈佛报告认为，现代社会的最基本特点是社会的高度分殊化，因此社会离心力极大，不同阶层之间、不同职业之间、不同年龄群体之间，都日益缺乏共同语言，因此难以达成社会共识。如何使这些不同阶层、不同职业、不同年龄的人之间能够有共同的语言相互沟通而达成社会共识，这是现代社会面临的严峻挑战，解决之道在于要提供一种"共同教育"。广义而言，"共同教育"包括对所有公民的教育，哈佛红皮书中因此虽然是谈哈佛大学的本科通识教育，但很大的篇幅谈的是美国中学的通识教育，因为当时美国中学毕业生只有四分之一升入大学，四分之三没有机会上大学。哈佛报告提出"共同过去"、"共同现在"和"共同未来"的概念，亦即一个共同体首先需要强烈体认"历史的共同过去"，这样这个共同体的成员今天无论有多少分歧仍然会认为他们拥有一个"共同的现在"，而只有"共同的现在"才使人们有理由去期盼一个"共同的未来"。如果没有一个历史的共同过去，那么一个共同体就失去了其存在的根本基础，有什么理由去期盼一个共同的未来？拥有一个共同的历史基础，才会使每个公民意识到他不但有权利，而且有对共同体成员以及共同体本身的责任，只有这样才能建立一个不但人人有权利，而且人人有责任的真正的文明共同体。

而哈佛报告对于这种"共同教育"的基本内容的看法，同样与哈钦斯的看法一脉相承，这就是共同教育的基础乃在于对西方文明传统和美国历史的共同体认。就大学本身的教育体制而言，则"本科通识教育"的目的就是要对所有本科生提供这种"共同教育"，这种共同教育将使大学生毕业后无论涉足哪个行业、哪个领域都能够有共同教育的背景进行沟通。可以说，从40年代开始，美国现代大学的通识教育体制高度自觉地承担了为美国现代社会奠定共同文化基础的责任，这种通识教育可以毫不夸张地说就是打造"美国文化熔炉"的最基本政治机制，也是打造美国精英的最基本机制。其具体表现就是，美国大学现代通识教育不管如何多样，其核心实际是通识教育课程中以各种形式开设的"西方文明课"（western civilization，以往的课表上一般都直接缩写为CIV）。而且，以西方经典阅读为中心的教学方式，事实上也成为美国大学通识教育最普遍、最基本的方式，尽管一般没有芝加哥大学这样的强度。

只有从这种背景出发，我们才能了解，何以1987年斯坦福大学在通识教育课程上的小小改革，竟然会引发全美的政治大风暴，使得大学通识教育的问题在90年代初中期成为全美的头号政治辩论问题。其原因简单说就是斯坦福的通识教育改革，被看成是要颠覆美国通识教育以西方文明为中心这一核心。由此我们也就可以看出，大学通识教育在美国政治中占有多么重的分量。具体点说，斯坦福首先对传统的"西方文明课"的名称做了改革，改革后的课程缩写仍然是CIV，但代表的则是复数的"Cultures、Ideas、Values"，翻译成中文就是"各种文化、各种观念、各种价值"，因此被看成是有意颠覆以往单数的"西方文明"。但是，如果我们仔细考察斯坦福1987年课程改革的新方案，特别是新CIV的具体课程和阅读书目，那么我们实际就会发现，斯坦福的这个方案的核心科目与核心阅读，实际上仍然完全是以西方经典阅读为中心，只不过在以往清一色的西方经典之外加了一两本非西方经典。我们可以很肯定地说，斯坦福大学的新CIV变化更多是象征性的，而不是实质性的，其中心内容仍然是西方文明经典，根本谈不上颠覆西方文明中心论。

美国大学通识教育的五个阶段

从上面所说的情况可以看出，美国大学现代通识教育并不是从未中断地自然延续以往的古典人文教育，而是先在19世纪末经过了断裂，又经过激烈的辩论和长期的争执，才在20世纪30年代到50年代重新得到制度化的奠基和重建。但是60年代以后，美国的通识教育又有反复。我下面将以四个美国大学为线索简略回顾20世纪美国大学通识教育变迁的全过程，这四个大学按顺序分别是哥伦比亚大学、芝加哥大学、哈佛大学和斯坦福大学。如此选择并非因为这些都是名校，而是因为这四个大学可以代表美国大学通识教育发展的不同阶段和主要争论。

第一阶段：美国现代大学通识教育的起点，现在一般都被推前到认为是起源于1917—1919年的哥伦比亚大学。我们前面曾经提到，哥伦比亚大学在1897年正式取消了传统的希腊文入学考试规定，到1916年则进而取消了拉丁文的入学考试要求，这标志着传统古典教育模式的解体。但正是在1916年取消拉丁文要求后，现代通识教育的尝试于1917—1919年在哥伦比亚大学开始出现。但这种尝试在最初主要是个别教师的教学实践，要经过二十多年的努力，到30年代末和40年代初，才逐渐开始成为哥伦比亚大学制度化的现代本科通识教育体制。哥伦比亚大学的这个通识教育模式以后成为很多美国大学的样板，在一定意义上可以说整个美国以后的大学通识教育都是哥伦比亚模式的扩大和改造。

第二阶段：芝加哥大学从30年代开始到40年代成形的通识教育模式，实质上是把哥伦比亚两年的通识教育扩大为整个本科四年都是通识教育。哈钦斯推行的通识教育，实际就是要把哥伦比亚最早开始的尝试更全面更系统地在芝加哥实行。就完备而言，芝加哥大学可谓登峰造极。但这个模式目标太高，因此以后也改成本科前两年通识教育而后两年转向专业。但芝大由此积累的整套通识教育课程配置和教学方式、经验则仍然被公认全美第一（以后的芝大制度是本科生要完成共42门课程，其中21门为通识教育课程，占整整一半）。

第三阶段：哈佛大学1945年的《自由社会的通识教育》报告，其实是在"二战"结束后对哥伦比亚大学和芝加哥大学经验的社会学总结，把通识教育提到打造"美国文化熔炉"的高度，因此当时对全国影响非常大。但也因为如此，这个报告在80年代后成为被批判的靶子，因为80年代美国意识形态变成批判"文化熔炉论"

是扼杀"文化多元"。但我认为我们必须历史地看待哈佛1945年的这个报告,对了解美国大学的现代通识教育而言,哈佛1945年报告仍然是基本文献。

第四阶段:哈佛大学1978年的通识教育"方案"(所谓罗索夫斯基方案,1979年在哈佛试行)似乎后来的影响颇大,尤其对中国大学很有影响。但这个哈佛1978年方案的性质完全不同于哈佛1945年报告,其背景是:60年代美国学生造反运动极大地破坏了美国大学的通识教育。因为从哥伦比亚开始的通识教育首先意味着一整套"全校公共必修课",即强制必修,学生运动则反对任何公共必修课,认为其是强制而限制学生自由,因此60年代后美国大学的通识教育一度大大衰落。但70年代中后期,社会、家长和大学都呼吁因大学本科质量下降,应重新恢复"必修"通识教育,很多大学如斯坦福等都是在那时又恢复必修通识教育课程的。哈佛1978年通识教育方案,以及卡内基教育基金会80年代初很多有关通识教育的报告,都是这一背景的产物,其特点都是力图恢复以前的通识教育质量,但尽可能不要给学生以"强制"的感觉。哈佛1978年方案其实很泛泛,并不特别高明,我个人认为其理论价值远远低于哈佛1945年报告。

但由于哈佛地位特殊，我国许多大学现在往往都盲目地标榜仿效哈佛1978年方案，却并不真正了解其背景，更不了解美国大学20世纪上半叶奠定的通识教育基础和传统。实际上正如美国政治最无法仿效，哈佛恰恰也是最不可仿效的，因为在通识教育的实践方面，哈佛其实只有一条，即它在50年代通识教育全盛时，与芝加哥大学一样，都是由全校最有名的大师级学者教本科一年级的通识课。因此哈佛的特点并不在于其课程设置的规划，而是在于用什么人来教通识。任何学校如果不能学这一条即以第一流学者教本科一年级，而只是外在模仿哈佛的1978年方案，那只能是最糟糕的，因为这必然变成把各系最泛泛的"概论"课变成通识课的状况，看上去课程极多，其实却是根本没有通识教育可言。因为通识教育的根本，是要有若干精心设计的最基本的全校本科"必修课"，而不在于有无数的选修课。选修课再多，也只是"目"，必修课才是"纲"。现在国内大学的通识教育尝试之所以都不理想，根本原因我认为就是这些尝试都把精力放在抓"目"上，却很少有人想这个"纲"的问题。没有"纲"，就没有灵魂，就没有真正的通识教育可言。

第五阶段：斯坦福大学1987年的通识教育改革不

但成为全美大学的争论中心，而且成为全美政治的风暴中心，原因就在于这个改革被看成是要颠覆历来美国通识教育不可更易的"纲"。从斯坦福引发的大论战恰恰最可以看出，整个20世纪美国大学通识教育不管有多少变化，其实历来都有一个"纲"和灵魂，这就是通识教育基本课程设置是以巩固学生的"西方文明认同"为目的，整个通识教育的核心因此历来是一整套的"西方文明"课。由斯坦福大学通识教育改革引发的大辩论从80年代一直贯穿到90年代，其焦点问题是通识教育要贯彻"西方文明中心"，还是所谓"杂多文化主义"（multiculturalism）。但这整个辩论可以说都是美国保守派过度神经紧张，因为斯坦福大学的新CIV变化其实并不大，根本谈不上颠覆西方文明，实际上只是让美国学生读一点点非西方文明，这些美国学生阅读非西方文明的时间和数量绝对不会超过中国人阅读西方文明的百分之一。从我们外人的角度来看，这点小小的改动实在太微不足道，尤其我们中国人一百年来早就彻底颠覆了中国自己的文明传统，从来不觉得不读中国经典有什么大不了，对这种少读一本西方经典多读一本非西方书就会颠覆西方文明传统的说法，未免觉得好笑，对美国人的紧张兮兮更未免觉得不可思议。我们只能说，西方人对西方文明的传统看护得太严实，而且这种看护已经下意识地成为他们最高的政治原则。

但斯坦福的通识改革需要很仔细分析，因为其真正取向实际并不在于重视非西方文明，而是把最时髦的西方文化思潮如性别、种族分析引入通识课程（现在所谓"文化研究"在美国就是性别、种族研究），这种时髦如果不加辨析，对今后我国大学通识教育的发展可能会产生负面的效果。因为在西方和美国大学，这种时髦虽然流行，但大学长期形成的人文教育基础和传统足以平衡流行的这种时髦。而我国大学现在正是缺乏基本性人文传统基础建设而迫切需要从根本上奠基，因此不能盲目地"接轨"，把这类时髦课当作通识教育的样板，否则很可能冲垮奠基的努力，恰恰变成只是跟着西方流行思潮走（这是所有非西方国家的通病）。

我们因此有必要进一步更具体地考察美国现代大学通识教育的具体设置和课程安排，以便把握从20世纪初的哥伦比亚大学通识教育尝试到20世纪末的斯坦福大学改革这一漫长过程中，美国通识教育最突出的共同特点是什么，哪些是我们可以借鉴的东西，哪些则仅仅是外在的不重要的东西，并不值得盲目模仿。我首先从哥伦比亚模式说起，因为以后的芝加哥和哈佛以及斯坦福可以说都是在哥伦比亚模式的基础上发展的。

哥伦比亚模式

哥伦比亚大学通识教育传统的最大特点是其简明和容易操作。传统上主要由两门课组成，一门称作"当代文明"（Contemporary Civilization），另一门称作"人文经典"（Humanities）。"当代文明"这个课名很容易被误解为只是讲现代文明，其实该课内容是讲从古到今的西方文明，因此它其实就是以后美国各校普遍开设的"西方文明"课，而"人文经典"课当时自然是指西方经典。1917年或1919年之所以被认为是美国现代通识教育的起点，就是因为1917年哥伦比亚有个教师首先开设了一门"人文经典选读"课，但这门课开始时完全只是这个教师个人在学校开的一门选修课，该课程一个星期读一本西方经典，不要求希腊文、拉丁文。这项举措在当时很是被学术同人嘲笑，认为不但读经典不合时宜，而且读经典不要求希腊文和拉丁文更被看成不专业而被讥为不伦不类。但这门课很受学生欢迎，因此大家都跟着他学，开设类似的人文经典阅读课。但要经过二十年后，到30年代后期，这门课才逐渐制度化为哥伦比亚的全校必修课，也即所有本科生的必修课。这就是所谓"人文经典"课的起源，它基本上是以阅读西方经典著作为中心，从古代一直读到现代。

在哥伦比亚，最初"现代文明"课与"人文经典"课是各不相干的，但到40年代，这两门课开始成为配套的全校本科必修课，形成了哥大以后的通识教育基本构架。两门课都是连续两学年四个学期的全校必修课。在长期的实践中，这些课程逐渐形成了自己的内在理路。例如，"当代文明"课第一学年的内容是讲西方从古代到近代的历史，基本属于史学和人文学科的训练；第二学年课程内容转向现代西方社会，这就必然引入现代社会科学如社会学、政治学、经济学等学科的视野。因此这门课通过两个学年的教育，实际自然地形成了一个从"人文学科"的训练向现代"社会学科"训练的过渡。而在"人文经典"课方面，则同样是从古代经典一直读到现当代经典，从柏拉图读到尼采、马克思。更重要的是，"人文经典"和"现代文明"这两门原先各自独立的课，成为通识教育基本构架后，隐然体现出了一种内在理路或配套原理："文明"课讲的是西方文明的历史"演变"，而"人文经典"则强调经典著作提出的问题之永恒价值，即"不变"的东西。从课程上讲，实际上"经－史"又是互相渗透的，因为讲史的课同样包括很多经典选读，而经典著作的课同时涉及这些经典的产生时代以及思想的传承关系。

哥伦比亚这一由"史"和"经"交互构成的通识教育构架，是以后芝加哥等各校通识教育课程体制都贯彻的基本原则。这实际是非常契合我国传统教育的"经－史传统"的，"史"讲的是一个文明的盛衰变化，"经"或经典则是这个文明的最基本智慧结晶亦即科南所谓"传统形成的智慧"。遗憾的是，我们现在早把自己的"经史传统"扔得干干净净，我们现在的大学从未把中国历代经典还当经典看待，也从未有任何努力系统发展中国经典通识教育课程，而我们的悠久历史更被归结为"封建专制"四个字而弃之如糟粕，好像除了农民起义就没有什么有正面价值的东西。我们对中国自己的传统实际还不如西方人重视，例如哥伦比亚大学在"二战"以后，在全校通识教育课程中发展了一套相当有名的本科通识教育课程，这就是"东方文明"课（Oriental Civilizations）以及与之配套的"东方经典"课（Oriental Humanities）。两门课都是讲三个文明：中国文明、日本文明和印度文明，课时都是连续两个学期。这两门课的设计理路也是仿照哥大的西方文明和西方经典课，即由"经和史"交互构成。"东方文明"课讲的是历史，第一个学期讲中国、日本和印度的古典文明，第二学期则讲三个文明的现代转型，以日本明治维新作为三种文明转型的开端。而"东方经典"课则把中国、日本和印度的历代经典译成英文阅读，我们熟悉的陈荣捷翻译成英文的许多中国经典，其实就是当时供哥大这两门本科通识课程用的。

芝加哥模式

如果哥伦比亚大学代表美国大学现代通识教育的起点，那么哈钦斯的芝加哥大学四年通识教育方案，无疑代表最雄心勃勃的美国大学通识教育的努力。尽管哈钦斯的这套方案在芝大后来也从四年改为两年，四年制方案转移到圣约翰学院（Saint John's College）推行，但我们仍有必要看一下这个曾在芝大实行的四年通识教育方案。

整个四年本科的课程看上去非常简单，即前三年的课是人文科学三门，社会科学三门，自然科学三门，数学一门，最后的第四年称为"整合"课，分两门，一门是"西方文明史"，另一门是哲学（课名为"观察、解释、整合"）。芝大说明这样安排的理由，是前三年上过的所有课最后在第四年通过"西方文明史"课和哲学思考课加以融会贯通。但芝大所有这些课都是连续三学期的系列课（芝大是每学年为三学期），因此一门课实际等于三门课，所以人文学科三门其实等于九门课，社会科学亦然。

人文和社会科学的所有课程都明确规定不能是"概论"课，而必须精心选择经典或重要文献作为阅读材料，例如"西方文明史"课并不是用一本西方文明史教材，而是主要阅读历代西方经典选读材料（芝大有九卷本《西方文明史原著选读》，至今仍常被各校选用），哲学课更没有概论，课程内容主要是阅读柏拉图、亚里士多德、笛卡尔、休谟和康德等的著作。这种强调原著的必然结果是，西方重要思想家往往反复出现在不同课程中，例如柏拉图，人文科学必读，社会科学必读，西方文明史课必读，哲学课必读。我们现在先举人文科学的三门课来看其具体安排：

人文科学1即第一学年连续三学期，内容为"文学、艺术、音乐"。其中"文学"的阅读材料为：西方历代诗歌、荷马史诗、《圣经》、莎士比亚、屠格涅夫、乔伊斯和美国作家选读；艺术则分为历代西方绘画作品、历代西方雕塑作品、历代西方建筑三部分；音乐部分则是古典音乐作品。

人文科学2即第二学年连续三学期，内容为"史学、修辞学、戏剧、小说、哲学"。史学阅读材料是希罗多德、修昔底德、吉本；戏剧是希腊悲剧和莎士比亚；小说是奥斯丁、康拉德、陀思妥耶夫斯基；哲学是柏拉图和亚里士多德。

人文科学3即第三学年连续三学期，学生可以向几个不同专业方向选修：一是"文学"，二是"批评理论"，三是"艺术与音乐"，四是"外国语言与文学"（当时共五种：希腊文、拉丁文、法文、德文和西班牙文）。

我们再从社会科学三门课来看其具体安排：

社会科学1即第一学年连续三学期，是完整的美国史（所以第四年的西方文明史课不再包括美国史），从17世纪殖民地时期开始一直讲到当时的美苏争霸，内容从内政到外交无所不包。同样，该课不是概论课，而主要是按历史顺序阅读美国各种重要历史文献，包括对美国历史有影响的经典著作，例如亚当·斯密、霍布斯、洛克、托克维尔等，以及美国史家选读，历代美国总统的重要论述，最高法院的重要判决，外交政策文献，和各历史时期社会重大辩论的文献，等等，三个学期的阅读量非常密集。

社会科学2即第二学年连续三个学期的课名为"自

我、文化与社会"，主要是社会学和人类学内容，阅读材料因此集中在西方现代经典，特别是弗洛伊德、韦伯、涂尔干、马克思以及美国社会学家和人类学家如帕森斯和本尼迪克特等。

社会科学3即第三学年连续三学期的课名为"自由与秩序"。阅读材料包括柏拉图、霍布斯、洛克、伯克、密尔、韦伯、熊彼特等，分别讨论社会秩序、经济秩序、政治秩序、国际秩序与自由的关系，以及社会科学与社会政策的关系，等等。

芝大当时方案的最特别之处是把"西方文明史"放到最后的第四学年作为"整合课"，这也是当时芝大最有名的课，从古希腊罗马一直讲到现代，课程的阅读材料力求综合前三年人文和社会科学的内容。

芝大现在的通识教育课程虽然已经改为两年，但内容更精干，而且其分量仍然比其他美国大学要重很多。90年代我在芝加哥的时候，芝大本科生四年要求完成一共42门课程，其中21门为通识教育核心课程（core course），是所有本科生在四年期间都必须完成的。通识教育核心课程分为六个领域，每个本科生必须至少修满以下21门核心课程：人文学三门，社会科学三门，文明研究三门，外国语文四门，数理科学两门，自然科学六门。以其中的"社会科学共同核心课程"为例，就数量而言，一共只有三门课程，分别名为"财富、权力、美德""自我、文化、社会"，以及"社会政治理论经典"。但这三门课程都是连续三个学期的，因此相当于九门课。学生可以在其中任选三门，亦即你可以选修其中一门课程的连续三个学期，也可以每门课都只选其中一个学期，但每个本科生都必须修足三个学期即三门社会科学核心课。

这些课程的具体内容，无一例外是经典著作的阅读和讨论。以上述"财富、权力、美德"课为例，其连续三个学期的课程安排是每个学期集中阅读四到五本经典著作，通常第一个学期以柏拉图、亚里士多德的著作为主；第二个学期四本书是霍布斯的《利维坦》，亚当·斯密的《国富论》和《道德情操论》，以及涂尔干的《社会分工论》；第三个学期则一定有马克思的《共产党宣言》，韦伯的《新教伦理与资本主义精神》，尼采的《论道德的谱系》和《善恶之外》。芝大的通识核心课程尤其以强度大出名，没有一门课是可以随便混学分的，因为这些课程都是主课而且必修，不像我们的通选课是兴趣性的，随便选修。

这些核心课程在具体教学方式和要求上，通常都是小班教学。也有上千人的大课，但大课在讨论时就必须分成很多小班，这当然就需要很多博士生做助教。例如90年代时的"财富、权力、美德"课，是由当时芝大的本科生院院长（Dean of the College）亲自上，选修学生多达千人（芝大一共3000名本科生），需要20多个博士生做助教，每个助教带两个小班，每个班20人左右。该课程每周两节课，每节课80分钟，学生每两周要交一份作业。助教每周要带领两个班分班讨论一次，亦即每个助教每周要主持两次讨论，同时要批改两个班40名学生每两周一次的作业，工作量可以说相当大，而且所有助教每周要和主讲教授再碰头开一次会，汇总各小班问题情况并讨论下周的课程安排。这样的教学方式对学生的负责是不待言的，但对学生的要求之严同样也是不待言的。在这样的强度训练下培养出的本科生，怎么还会不是精英？

斯坦福模式

这里可以再特别举出斯坦福大学改制后的通识教育计划，因为斯坦福改革常被说成是最激进、最极端、最新潮，甚至被说成是"反西方文明中心论"。我们因此有必要仔细看一下这个斯坦福的通识教育改革。

斯坦福学制与芝加哥相同，也是一年三学期（每学期十周），通识课也称为"核心课程"，这些核心课也是连续三学期。整个新通识教育构架是三大类九个领域（芝加哥是六个领域）：第一大类是"文化核心课程"（其中分三个领域，第一个就是前面曾提到的新CIV，即"各种文化、各种观念、各种价值"，第二个领域为"世界文化"，第三个领域为"美国文化"）；第二大类是"科学核心课程"；第三大类是"人文社会科学核心课程"。每个本科生要在这九个领域中选修11门核心通识课（每课3学分以上，亦即至少33学分）。虽然看上去很多，但核心课的核心则是九个领域中的第一个领域，即争议最大或号称最新潮的新CIV，因为这门课是大学本科第一年必修，连续三个学期，每周上课五小时（5个学分，连续三学期共15学分），外加每周讨论时间要求最好三至四小时，最少不低于两小时，讨论课要求必须分成每班不超过15人（这自然需要甚多博士生做助教来带领讨论）。

这个连续三学期的新CIV即"各种文化、各种观念、各种价值"课程，在三个学期的每一学期中都有五六个甚至十多个名目不同的课可供选择，每个课程都需要经过学校专门的委员会审定批准，学生任选其中之一。看上去好像选修范围很广，但其内容则无一例外都是经典著作的阅读和讨论，而且只要仔细看这些不同课程的指定阅读材料，就立即可以发现其主体阅读材料基本都是传统西方经典，而且重叠度非常高。"新潮"的地方主要表现在每门课中加了一本或两本非西方或非传统主流的著作。不妨举出三学期中第一学期的新CIV中数门不同课的书目来比较，可以看出这些课程看上去名目不同，实际内容却是大同小异的。

第一学期的一门课名为"经典阅读"，指定要阅读和讨论的读物为：荷马史诗、柏拉图《理想国》、亚里士多德选读、《圣经》、奥古斯丁《忏悔录》、维吉尔的罗马史诗、古希腊女诗人萨福诗歌，然后有孔子和老子。换言之，前面的阅读材料都是最传统的，新加的是老子和孔子。

同一学期的另一门课名为"古今欧洲"，指定要讨论的读物为：柏拉图对话两种、亚里士多德《政治学》、《圣经》、奥古斯丁《忏悔录》、中世纪英国文学作品《坎特伯雷故事》、马基雅维里的《君主论》。这都是以往标准书单中的西方经典，加了一本非西方经典《古兰经》。

同一学期的另一门课称为"文学与艺术"，其指定阅读内容是：荷马史诗《奥德赛》、古希腊悲剧一种、柏拉图《理想国》、亚里士多德选读、《圣经》、奥古斯丁《忏悔录》、维吉尔的罗马史诗、古希腊女诗人萨福诗歌、中世纪乔叟的《坎特伯雷故事》、但丁《神曲》。这都是标准传统书单，新加的是"孔子选读"和"中国道家哲学"。

同一学期的"哲学"课阅读内容为：荷马史诗《伊利亚特》、柏拉图的《斐多篇》和《理想国》、亚里士多德《物理学》、阿奎那《神学大全》选读、欧洲中世纪哲学选读。新加的非西方读物是《孟子》选读和《庄子》选读。

也是同一学期的"神话与现代"课阅读内容：荷马史诗《奥德赛》、维吉尔的罗马史诗、《圣经》、奥古斯丁《忏悔录》、歌德的《浮士德》和马洛的《浮士德博士的悲剧》、卢梭《论不平等的起源及其基础》、托尔斯泰小说。新加的非西方读物是日本的《源氏物语》。

其他还有几门课程，情况大体相似。这些课都是同一学期中的新CIV领域的可选课，学生任选其中之一。但我们可以看出，不管选哪门课，基本阅读材料的重叠度都是非常高的，都围绕最基本的西方历代经典著作展开。斯坦福在同一个领域一个学期内可以开出十门左右类似的课，表明其相当多教授都可以开类似的经典阅读通识课，这当然是因为这些教授从本科生时代就已经有这种通识教育基础训练，在研究生时又多数当过通识课的助教。这就是文化学术的传统，年年读，年年讲，因此他们的传统越讲越厚。斯坦福这个基本书目，除掉新增的非西方读物以外，主体部分与哥伦比亚大学30年代成形和芝加哥大学40年代成形的通识书目基本是一致的，与哈佛1945年报告建议的书目也是基本一致的。唯一的差别在于斯坦福大学在每一门课中加了一两本非西方经典。此外，前面提到芝加哥大学核心课程一般一门课只有四五本经典书目，而斯坦福的书目往往多至十多本，可以想见在深度阅读上斯坦福的训练要比芝加哥弱。

我在这里想要说明的就是，美国的大学本科通识教育，其核心和灵魂实质是他们的"经史传统"，以阅读西方历代经典著作为课程主干，而不是随随便便的当前流行的东西。斯坦福虽然号称引领新潮，而且也确实在重视非西方文明方面开风气之先，但从上面所说可以看出，在通识教育基本模式和基本阅读文本方面，斯坦福与早先的哥伦比亚和芝加哥等的共同性和连续性相当明显，所谓的改革实际是相当有限而保守的。在芝加哥，本科通识教育核心课通常有不成文的规定，即不会列入当代流行学者的著作，例如不会有哈耶克或罗尔斯或哈贝马斯或德里达这些人的著作，亦即读的必然是已经公认无疑的传世经典（研究生的课则有大量最新发表的学术论文给学生读，以了解最新的学术状况）。也正因此，它们看上去不同名称的课，其基本阅读文本往往都高度重叠。斯坦福是如此，芝加哥大学更是如此。例如，芝大社会科学三门课，无论你选修哪一门，都会读到那些最基本的西方思想家著作，芝大的"人文学"核心课可选六七门中的一门，但任选一门与文学有关的，在连续三学期中一定会读到最基本的经典，例如柏拉图对话，莎士比亚戏剧，福楼拜、卡夫卡、奥斯丁、康拉德等人的小说。

哈佛1945年报告在这方面完全相同，报告中建议的通识教育课程计划实际基本是哥伦比亚模式的翻版，提出"人文学"全校通识必修课程一种，名为"文学的伟大文本"，建议阅读材料为：荷马史诗、希腊悲剧两种、柏拉图对话、《圣经》、维吉尔、但丁、莎士比亚、弥尔顿、托尔斯泰。而"社会科学"方面全校必修课名为"西方思想与制度"，阅读材料为：柏拉图、亚里士多德、阿奎那、马基雅维里、路德、博丹、孟德斯鸠、洛克、卢梭、亚当·斯密、边沁、密尔。不难看出，哈佛这两门通识教育课其实就是哥伦比亚的"人文经典"和"当代文明"课的翻版。我们可以看出，从哥伦比亚到芝加哥，从哈佛到斯坦福，所有这些美国顶尖大学的通识教育课程，其基本阅读文本无不围绕西方经典展开。美国大学教授常戏称通识教育乃围绕所谓"神圣的15种书"，亦即通识教育课程的基本读本总围绕这些最基本的西方经典。

所谓哈佛模式的误导

以此为背景，我们就可以再来看所谓"哈佛1978年方案"的实质是什么了。哈佛1978年方案其实并没有什么高明之处，只不过是把所有通识教育课程分为五大类十个领域，要求哈佛本科生必须在这十个领域中至少修满八到十门课程，亦即通识教育课程占全部本科课程的三分之一。我要强调，美国大学通识教育课程的外在分类方式其实并不重要，这些五类十领域的划分，仅仅是外在方便划分，并没有任何内在理路或科学根据。首先，美国不同大学各有不同的分类方式，例如前面提及的芝加哥大学分六类，斯坦福大学分九类，等等。其次，即使同一大学在不同时期也有不同的分类，例如哈佛1978年体制分五类，1985年后分六类，现在则分为七类。这些不同分类往往与各校自己的传统、强项和重点发展方向有关，不从本国本校的实际出发而盲目照搬这些分类方式是完全没有意义的，甚至在效果上会适得其反。

最近几年我国主要大学都在尝试本科的通识教育，这是好事，但现在的通病是，我国大学特别喜欢标榜学什么"哈佛方案"，以致所谓"哈佛方案"目前对我国大学产生的更多是误导，因为它使我国很多大学几乎把注意力完全集中在盲目仿效哈佛通识课程的外在分类方式，仅仅满足于把学分有限的通选课切割成五类六类或七类八类，追求门类齐全、无所不包，供选择的课程数量越多越好，但实际却完全缺乏教学目的，更缺乏对教学方式的要求和规定。目前我国各校普遍把一共只有几个学分的"文化素质课"或"通选课"依样画葫芦地分为五大类或六大类，但同时却很少认真考察美国大学通识教育课程的教学目的和具体要求，这是典型的只重外在形式，不重内在实质。

这种做法实际上恰恰忽视了，我国目前的通选课，与美国大学的通识教育课并不是对等的，因为美国大学通识课程无论怎样分类，例如芝加哥分为六个领域、哈佛分为七个领域、斯坦福分为九个领域，其共同点是这些科目就是本科生前两年的主课即"核心课程"，因此对这些"核心课程"都是严格设计严格要求，对教师和学生都有严格的教学要求和学术训练要求，而且这些课程往往是这些大学的精华和风格所在。例如，芝加哥大学本科四年须修满42门课，其中一半即21门课为"共同核心课"即通识教育课程，这些课程就是所有本科生前两年的主课和基础课，每门课的要求都很严格。但在我国大学现行体制中，由于通选课在目前实际上只是本科生主要课程以外的附加课，因此在教学体系中实际多被看成是额外的、次要的、可有可无的，最多是锦上添花的课（理工科院系尤其如此），这些课因此大多没有任何严格的要求和训练，往往成为学生混学分的课，或最多增加点课外兴趣的课。

可以说，我国大学目前对通识教育有一种普遍的误解，亦即不是把通识教育课程看成是本科的主要课程和基础学术训练，而仅仅看成是在主课以外"扩大"一点学生的兴趣和知识面；不是有效利用目前学分有限的"通选课"来着重建设通识教育的"核心课程"，而是片面追求不断扩大通选课的范围和数量，似乎通识教育的目标就是"什么都知道一点"，因此可供选择的通选课门类越全、数量越多，通识教育就搞得越好。目前的实际结果往往是，通选课的数量越多，学生就越不当回事，因为反正不是主课，而且一般都很容易混学分；而各院系对这些通选课同样不重视，学校本身也不重视。如果继续按照这样的方式去发展，我国大学发展通识教育的努力实际将只能流产，再过十年二十年，也不大可能有什么结果的。

我个人认为，我国大学发展通识教育，最值得参考借鉴的确实是美国大学的通识教育制度，因为这种制度对学生高度负责任，而且确实非常有效地达到了"打造精英"这一大学本科的教育目标。我在芝加哥时印象最深刻的就是，他们的许多本科生第一年进来时傻傻的，基本是一个uneducated guy，通常在知识面方面远不如我国优秀大一本科生，但四年下来，这些学生可以说完全脱胎换骨，名副其实地成为一个educated person。现在的问题是，我们必须着重看美国通识教育的内在实质，亦即它对"核心课程"的严格设计和严格要求，而不宜只看其外在的课程分类方式，否则很多模仿只是东施效颦，根本都不知所谓。

就美国主要大学本科通识教育课程的基本建制而言，最值得注意的有三点：第一，美国大学本科通识教育事实上是以人文社会科学为重心；第二，这些人文社会科学的通识核心课程普遍采取深度经典阅读的方式，而特别反对我们习惯的"概论"和"通史"的教学方法；第三，核心课程普遍采取教授讲课与学生讨论课并行的方式，讨论课严格要求小班制，一般不得超过15人。这三点都是特别值得我们借鉴的，而美国各校的外在课程分类方式则并不值得特别重视。

让我们先看第一点，这就是美国大学本科通识教育事实上是以人文社会科学为重心，在核心课程中通常占三分之二，即使纯理工学院的通识教育也包含相当大比例的人文社会科学课程。以哈佛大学为例，1978年开始的哈佛通识教育核心课程方案分五类，其中人文社会科学占四类（文学与艺术、历史研究、社会科学与哲学、外国语言与文化），自然科学占一类。1985年以后哈佛改为六类，其中五类为人文社会科学（顺序改为：外国文化、历史研究、文学与艺术、道德思考、社会科学），而自然科学占一类。近年哈佛又改为七类，每个学生必须在每领域选修一门以上，这七个领域分别为：外国文化、历史研究、文学和艺术、道德思考、社会分析（社会科学）、定量推论（这里一半是社会科学的课）、自然科学。换言之，人文社会科学的核心课程占到将近80%。这从提供选择的课程分布也可以看出，以2001—2002学年两学期通识教育七个领域供选择的课程为例：文学和艺术31种，历史研究23种，外国文化14种，道德思考10种，社会科学9种，定量推论7种（其中4种为社会科学），自然科学17种。事实上哈佛的通识核心课程传统上以"文学和艺术"以及"历史研究"领域的课最多，近年来则特别强调发展"外国文化"领域，将之提到了通识核心课第一类。比较哈佛大学1978、1986到2001年的课程分类变化，可以看出人文社会科学课程在哈佛本科通识教育中的比例一直特别大。

其次，我们必须了解，哈佛通识教育的外在分类体制不管如何变化，其人文社会科学的通识课程中，很多课的阅读材料都是与上面所说斯坦福和芝加哥的课程一样，以西方经典为中心而且重叠度很高，说到底是以哈佛50年代通识课的传统为基础的。因此，表面看上去学生自由度很高，可以在很多课中任意选择，其实很多课程的阅读文本都是类似上述芝加哥、斯坦福的内容，学生所受的教育因此是与芝加哥、斯坦福非常类似的。

正因为如此，我国大学如北大等盲目仿效所谓哈佛方案，是只可能得其形，而绝不可能得其神的。现在很多大学都号称学哈佛1978年模式，把"素质教育通选课"分为五大领域，分别为：数学与自然科学、社会科学、哲学与心理学、历史学、语言文学和艺术，要求学生在每个领域至少选2学分，在"历史语言文学和艺术"至少选4学分，等等，而学校的努力往往放在力图今后把这些领域的可选修课程尽量扩大，有不少大学提出几年内要达到200种或300种，等等。但所有这些都是典型的抓"目"不抓"纲"，完全只是表面功夫，因为在完全没有以往通识教育课程传统和积累的条件下，所有这些课没有一门是像上述芝加哥、斯坦福、哈佛那样按"经史传统"原则以经典为中心而精心设计的，学生的小班讨论课更几乎从未尝试过。这样的做法仅仅是在学表面而不是学实质，如此下去必然导致学校把所有开设通选课的精力都放在增加可以选择的科目的量上。但就算所有通识课的品种加起来能有三四百种，有时候某些学校甚至达到上千种，又有多大意义？实际结果是大部分课相当于把各个系最基本的概论课拿出来让大家选，弄得很倒胃口。根据我在香山会议上了解的一些情况，学校的通选课实际上有可能变成这样的情形，即很多学生把通选课变成一种捡便宜学分的课，大多数情况下选的是最容易上的课、老师最好糊弄的课。如果变成这样的情况，那通选课是没有意义的，它将变成老师的负担、学生的负担以及学校的负担，最后将一无所成，而"概论"课再多仍然只不过是杂乱无章的拼凑，我将之称为"通识教育的大杂烩主义"。这样搞下去永远不会有结果，不会有"通识教育"的灵魂和核心，亦即没有哈佛、芝加哥、斯坦福所谓"共同核心课"的通识教育效果。美国这些大学的通识课称为"共同核心课"，实际就是暗示通识教育应该是有灵魂有核心的。

我国大学的通识教育之路

我个人认为，我国通识教育或"素质教育课"的道路，由于是在没有传统、没有积累和没有经验的条件下从头开始的，因此不应该成为这种没有任何规划、没有任何精心设计的"通识教育大杂烩"，而应该是在有限的学分和时间的限制下，精心设计少而精的几门"共同核心课程"作为第一步。要以纲带目逐渐形成配套课程，而不是泛滥成灾地弄一大堆泛泛的"概论"式选修课。就此而言，我以为现在比较值得参考的是哥伦比亚大学的传统模式，这不仅是因为如前面所说，全美大学通识教育基本都是由哥大样板变化发展而来的，而且更因为哥大模式比较简明而容易操作。具体地说，我认为在建立通识教育或"文化素质课程"方面可以尝试的方式是，首先下大功夫设计以下五门"共同核心课"作为通识教育课的主干，每门课时长都应为一学年连续两个学期：

一、中国文明史

二、中国人文经典

三、大学古代汉语

四、外国人文经典

五、外国文明史

这里所谓一门课，是指一个门类，比如"中国文明史"，每学期可以同时有七八种或更多具体课程，有人讲先秦，有人讲两汉，有人讲唐宋，有人讲明清，可以由学生任选其中一门。但重要的是，应该尽可能摆脱"通史"或"概论"的讲法，所有课都最好集中阅读少而精的经典著作。我们的大学本科多年来习惯了"概论"加"通史"的教学方式，例如哲学系先来一个"哲学概论"，再来一个"中国哲学史"和"西方哲学史"；文学系则先来一个"文学概论"，再来"中国文学史"之类。这种课往往老师讲得大而化之，学生听得也是大而化之，年复一年地导致老师本人可能都从未在任何经典上下过功夫，而学生在本科时期更是几乎很少深度阅读任何经典。结果是老师满头大汗地罗列甲乙丙丁，学生则无可奈何地死记硬背考试要点。这种教学方式必须加以改革，应该让本科生从大学第一个学期开始就直接进入经典文本阅读。如果第一个学期用一门课集中深入阅读《孟子》或《庄子》，效果要比用一个学期教半部哲学史好得多，因为经过一个学期的深入阅读《孟子》或《庄子》后，这些学生以后就可能有能力自己去阅读其他的经典原作。反过来，一个学生用两个学期上完了全部中国哲学史，看上去好像什么都知道了，实际却是什么都没有真正读过，很可能仍然完全没有能力阅读任何经典原作。重要的是要通过一门深度阅读的课来培养学生的阅读能力、思考能力和写作能力，而不是要一门课满堂灌地讲上千年的哲学史或文学史。事实上编写出来的各种哲学史文学史之类都受编写者的很大局限，其价值是不能与经典原作相比的。

此外，目前我国大学普遍重视英语，却不重视中文，这是说不过去的。（民国时期）40年代的教育部规定大学"国文"6学分，外文6学分，而那时的高中生的"国文"程度恐怕普遍比现在研究生的水平还要高一些。现在英文早已经成为我国大学的"公共必修课"，但许多大学生的中文水平却越来越差，写作的文字往往俗不可耐还不知道脸红，因此加强大学的中文包括古代汉语课程很有必要，课时应该不少于英文课。

这里有一个问题，有人或许会提出，我们中国的大学不应设立外国文明史和外国经典作为必修，应该只以中国文明史和中国经典作为"共同核心课"。但我以为，第一，我们应该有更开放的文化心态。第二，不可否认我们是处在一个以西方文明为主导的世界，我们必须花大力气了解和研究西方。事实上现在西方的东西大量充斥于学校内，真正的问题是道听途说而盲目崇拜。我个人历来认为，越是深入西学的人越是会形成自己的批评性看法，通常都是对西学了解肤浅的人反而容易盲目崇拜。设立西方文明和西方经典课的目的恰恰是要引导学生通过深入阅读而形成自己的分辨和批评能力。第三，就我国目前的实际社会心态而言，如果单纯规定"中国文明和经典"作为"共同必修核心课"，很可能让人有"强制灌输"的感觉而引来学生的反感和反弹，而以中学西学并举作为"共同必修"是比较容易被接受而且可以有较好效果的。

我以为，只有首先努力建立这样高标准严要求的"共同核心课"作为通识教育课程的主干，我国大学的通识教育才会有灵魂和"纲"，才能真正走上可以逐渐有所积累而成熟的轨道，从而形成自己的传统，否则必然是永远无所积累而流入泛泛的肤浅课程。如果先确定了"核心"必修课，以后有条件则可以再逐步配备其他比较成熟的课作为通识选修课，例如"日本文明"、"伊斯兰文明"或"印度文明"等，以及其他各种人文和社会科学方面的选修科目。但任何新的通识选修课都需要专门的学校通识教育委员会认真审查是否真的成熟再批准，要建立通识课的声誉和品牌，宁可少而精，不要多而滥，这样才能逐渐形成通识教育的传统。最根本的是一定要"以纲带目"，必须避免"有目无纲"。这里最困难的首先是要花大力气来建立以上这些核心课程的内容。这会很不容易，因为每一学期课程的内容和指定读物都需要仔细研究来确定。同时，由什么人来教也特别重要，一般地说，应该由最好的教授来上本科的通识教育课程。

尽管这种尝试一定会有很大困难，但我认为这是我国大学必须走的路。我实际认为，如果中国要在21世纪成为一个真正的"文明大国"，那么能否建立起质量可与美国大学相比的通识教育体系，可以说是最基本的衡量标准所在。因为这涉及今后中国大学培养出来的中国的干部、教师、商人、律师等究竟具备什么样的文化底蕴和人文素质修养。我认为，美国大学现代通识课程以"经史传统"为原则来设计本科"共同核心课"是高度成功的，而且对我们极有启发。我在开始时讲到，事实上美国教育同样经历了传统断裂的问题，而且时间和中国清末民初的教育断裂差不多，问题是美国比较早地通过奠定大学的现代通识教育而重新激活了对西方经典的阅读。与此相比，我们的大学在20世纪开始就切断了自己的文明传统，因此成为没有文化之根的大学。中国文化传统及其经典在我国大学的地位就是被当成解剖批判的对象和材料，最多是少数专业人士的研究对象，而不是所有大学生必须阅读讨论的经典。以后三四十年代的学制改革在"国文"课中多少保留了一些传统，但中国传统及其经典的地位并没有在大学教育系统中重新确立，没有人像哥伦比亚和芝加哥大学那样真正下大力气重新设计研读中国古典文明及其经典的本科通识课程。50年代以后，我们基本上用政治课取代了文化课，如此一直要到1995年前后才开始提出"文化素质教育"课程的问题。但整个问题意识仍然是模糊的，并不清楚到底什么是"文化素质教育"。可以说，整个20世纪我们都以"废除封建传统"为名彻底否定了我们自己的整个历史文化传统，我们这个民族还能有多少文明底蕴也就可想而知了。说到底，文明底蕴是不可能离开文化传统的。90年代以来，中国文化传统在部分学者特别是传统中国学术的学科中得到了比较多的重视，但在整个社会包括大学里，多数人包括多数大学生仍然没有对中国文化传统产生起码的尊重。但一个鄙视自己文明传统的民族是断然不可能成为一个"文明大国"的！

我因此认为，中国大学通识教育课程的中心任务，实际是要把我们从民国以来就断裂的文化传统重新做现代整理，并以此逐渐形成我们大学的"核心课程"传统。也正因此，我们对美国等通识教育经验的考察，并不能仅仅看他们最近最新的外在形式，而是必须了解他们在传统教育断裂后的最初是如何努力的，这就是哥伦比亚大学和芝加哥大学等早期的通识教育建设，因为整个美国的现代大学通识教育传统是从那时开始奠基并形成传统的。即使80年代斯坦福大学的所谓激进改制实际也根本没有改变这个传统，而只是这个传统的继续扩大。我们现在可以说是要像当年哥大和芝大那样从头做起。但是，这一目标并不能以"独尊中学"而排斥西学的方式来做，目前国内一些自称新儒家的朋友颇有这种主张，但这既不现实，也不可欲。西方的学术和思想事实上无所不在地影响着我国大学的师生，独尊中学而排斥西学只能让人反感，只能让人更向往西学而排斥中学。真正重要的是要更深入地研究西学，才有可能不为西方最表层的东西、最时髦的东西牵着鼻子走，从而通过深入的研究逐渐形成中国人自己对西方思想学术的判断力和分析力。因此我们建设通识课程不可能像西方和美国早期那样独尊自己的传统，而需要走"中西并举"的道路。

问答录

问：甘老师您好，最近对于人大成立的国学院讨论比较激烈，两方的意见都比较极端。一方认为它是在开历史倒车；另一方则认为它做得还不够，没有真正把中华文化的主干抓住，而仅仅是囿于皮毛。请问您的看法如何？

答：我想首先目前对人大国学院的批判，大多数比较肤浅、有问题，这个并没有什么好批判的。而且我觉得现在经常有一种非常大的误解，认为如果重读中国古代的经典就是什么简单复古，我想这种批判的水准比当年还要低，因为这是一种非常粗浅的意识形态。我们现在要问的是，为什么美国当代大学生每个人必然读柏拉图？柏拉图是干什么的？柏拉图反民主反自由！为什么要读？为什么美国的大学必读马克思的《共产党宣言》？为什么要读尼采？他反现代啊！这些是因为什么？因为现代社会并不是一个perfect的社会，而且现代社会是一个非常有问题的社会。一个educated modern person（受过教育的现代人）对现代社会的很多弊端、很多问题需要有一种自觉，而这种自觉恰恰是那些非常肤浅的现代著作不能提供的。现代人动辄说不符合现代的东西应该取消，这是很肤浅的。而我们对于这种肤浅差不多付出了一百年的代价。我刚才提到，如果1912年教育方案延续1904年教育方案的话，中国的文化底气将完全不同，不会像现在这样没有文化，而是会使中国一百年来对中国古典文明的研究基础大大深化，并且将会转化成一种现代式的、更深入的理解，这是第一点。

第二点，人大国学院具体怎么样我们先不要求全责备，因为人家也刚起步，要经历一个历史过程我们再观察它是不是成功。我主张在中国多做一些新的尝试，对新的尝试要采取一种与人为善的态度。我觉得我们现在经常有一种抱怨文化，通过批评他人来表现自己的高明，我觉得这样是非常讨厌的。新尝试有它不够完善的地方，这点是肯定的，但是应该给它一点时间，然后我们再去观察，如果它真不高明的话，那我们就多提提建设性的意见，试着去修正，而不应该是上来就彻底否定人家。当然其中的缺陷与问题必须指出，但关键的是态度要与人为善。这是我对人大成立国学院的看法。

问：我想问两个小问题，一是现在教育部提出教育产业化，似乎让人觉得这种教育是在生产一些供人使用的产品而不是真正地对大学生进行人文教育，请问您怎么看待大学产业化与通识教育之间的矛盾？第二，请问您如何看待主流意识形态与通识教育之间的矛盾？

　　答：关于教育产业化，我认为前几年的教育政策需要检讨，但我更主张的是与人为善。在这个社会转型期我们也不要太苛求，我觉得教育部还是做了很多工作，比如1995年和1999年的推动"文化素质教育"我认为都是正确的。我们也注意到教育部对于教育产业化问题其实也很矛盾，一时反对它一时又认可它。我认为教育产业化的说法在大多数情况下造成了一些很负面的效果，不过这个问题在最近几年已经得到相当多的讨论，并且已经达成了一些共识。一般来说，大家也会注意到，单纯地鼓吹教育产业化，单纯地把教育看成是一种市场上的商品，这类观念绝大部分人大概已经不再认同了，因为大家都知道这种观念是比较极端的。假如"教育产业化"的说法就是主张把教育看成是一个单纯的市场商品，那这个观点就绝对错误，我相信大部分人现在也不会这样认为。

第二个问题比较复杂。我觉得比较有意思的是文化素质课的推动，也是在一个历史过程之中，并且是会演变的。比如，山东大学对最近的通识教育课做了一个很大的改变，但并不是在文化素质课当中调整，而是对传统政治课的部分做了一个改变，就是用了"两课"的5个学分来讲两门课：一是中国民族精神，一是中国文献经典。这个项目在教育部得了奖，而且还上了中央电视台，也就是说这两门课在被宣传的时候用的当然是比较主流的语言。但据我了解山东大学的学生非常喜欢这些课，而且课程讲得也很好，这就是一种转变，而我认为这样的变化还会继续发生。当然像这样的转变需要时间，而且一开始的时候可能不完善，但是大家只要有耐心，很多事情会有比较多的改变。

问：甘老师好，我的问题与大学的职能有关。美国大学都认为自己有三个职能：教学、科研和社会工作。现在中国大学也认为自己有三个职能，您刚才讲的主要是在教学和科研方面，我想问一下，在社会服务方面中国大学应该做什么？

答：我想我在这里不可能做太多说明，但是这个方面的确可以注意一下。西方最近十多年来有一个新的概念叫service learning（服务学习），比如香港中文大学社会学系就把它引进来并做了些实验。基本上美国大学的service learning是在基督教大学里面首先发展，但是后来这个概念便开始不断地扩展和蔓延到更多的大学。所谓"服务学习"是有严格定义的，它一定是为穷人、为社会弱势群体服务，而且强调双项作用，也就是说一方面利用学生的知识去为社会服务，另一方面强调在社会中来检验知识。香山会议期间我特意请了温铁军先生谈中国大学的支农问题，我认为这是中国式的"服务学习"，而且规模和做法都比西方更好。温先生并不是因为看到国外的"服务学习"而开始做这些工作的，而是从中国的实际出发强调中国大学生的返乡，我非常支持他。他的尝试非常值得我们关注。但是社会服务如何与大学学习产生一种有机的磨合关系，我觉得还需要相当一段时间来观察。我认为在这方面每个大学都应该有它自己独特的经验，而不要强行用某一种方式去固定它。社会实践的方式需要探索，需要做新的总结，需要看哪些方面做得好。

问：对照美国的历史经验，中国在大学之道与大学之用的矛盾与张力之间最要注意的地方在哪里？

答： 大学之道与大学之用的矛盾是任何一所大学必然面对的一对矛盾。我认为解决之道就在于协调好通识教育与专业教育这两者的关系。我们国家长期以来不重视通识教育而特别重视专业教育，特别是自1952年院系调整以来，学生从大一开始就进行专业教育，因而我们国家历来没有通识教育这样的一个部分，所以通识和专业两种教育的矛盾在从前并没有凸显出来。从1995年开始，教育部提出的文化素质课实际上是在推动通识教育，包括清华大学在2002年明确提出清华大学本科教育要发展通识教育，可以说我国的大学最近五年左右基本上都有一种探索的方向，在探索本科向通识教育转型的这样一个过程。这个转型过程最不容易，特别是像清华大学这样专业划分特别强的学校，通识教育不那么好开展。之所以说通识教育与专业教育之间的张力体现了大学之道与大学之用的区别，是因为专业教育实际是一种把人作为工具和手段的教育方式，现在尤其突出了专业与市场的关系，为市场所用，为就业而教育。而目前我们大学中过早的专业教育实际上是过早地，在没有给予一个充分的个人人格发展的时间的情况下，把学生推到市场的供求中去。我们可以发现我们的本科生现在都非常浮躁，现在大学最糟糕的问题就是学生从一进大学便开始考虑就业，一年级选课就开始考虑多学了这个或多学了那个最后对于就业将会有什么好处。许多外在因素使他们无法静下心来思考自己到底想要成为什么人，想过什么样的生活，这恰恰是一个学生在本科阶段最应该想的问题。而我认为这种情况是比较严重的，所以需要研究在这样一个高度商业化而且诱惑如此之多的社会，怎样才能够确保大学生有一个比较健康的人格发展，能够在一段时间之内沉下心来进入和世俗无关的大学前一两年的学习中去。这需要相对好的外界环境来配合，来营造一个氛围，而通识教育是一个比较重要的手段。我们需要给予本科生一个平台，给予他们一段时间来思考他们自己想做什么。通识教育创造了一种可能，一种在本科生阶段能够使学生在最初的一两年时间内处于一个相对比较安静的、相对少受外界影响的环境中通过人文教育来认识自我的可能性。

最近几年我国主要大学基本都已经建立了"文化素质课"作为推动大学通识教育的平台，北大的文化素质课要求是16学分，我知道清华理工科是13学分，武汉大学现在是12学分并准备提到14学分。我觉得，清华相比其他学校有一些更为有利的通识教育条件。首先，清华最近几年的扩招幅度不是那么大，目前每年本科生招生数基本保持在三千人左右，但像武汉大学、山东大学、中山大学这些学校基本上都在七八千人。这种扩招增大了各大学开展人文教育的难度，也带来了很多其他问题。就此而言，应该说，清华大学在大学转型中处于较为有利的位置。

第二个优点，清华大学的人文社会科学非常新，而且规模小，本科招生到目前为止不过一百多人，而且人文社会科学院基本实现了一二年级本科生不分科。

第三点在理工科方面，虽然清华的专业倾向很严重，但由于杨振宁等先生在清华的推动，清华大学从2002年开始有些小班在本科一二年级也不分科。

这样一些因素，将成为清华大学日后向更符合现代大学理念的方向发展的极为有利的条件。然而，清华还是有些不利条件，最明显的一点是，自1952年院系调整以来，清华就成了理工科大学，大学一年级就分专业，这个传统的力量非常强大。教育部从1995年以来推行素质教育，实际上是希望扭转从前办本科的方法，即苏联的本科模式。苏联模式是从大学一年级就分专业，好处在于它可以在四年内造就工程师，毕业即可派上用场。但在上世纪八九十年代后，我国各高校都开始意识到，这种模式当年的确有一定意义，放在今天却已经不可取。所以清华和北大等近年都提出"淡化专业"、发展通识教育的目标。但由于清华这样的理工科大学的专业主义传统比较强，转型可能会比较困难。

我个人很希望清华的文化素质课或所谓通选课设计能走出一条新的路子，以推动我国大学走向实质性的通识教育方向，这就是要突破目前北大等国内高校普遍采取的天女散花式的所有领域选点课的模式。这种模式实际只能使通选课成为可有可无、学生视为可以逃课混学分的课，效果极差而不可能真正走上通识教育方向。因此，我建议清华的通选课设计不追求形式上的面面俱到，而是以有限的通选课学分来补自己之不足，重点发展清华大学最需要的通识教育的"共同核心课"。现在的问题是，什么是清华目前最需要发展的通识教育"核心课程"？我想可以很肯定地说，清华最需要集中发展的通识教育课程领域是人文社会科学的核心课程。因为在数理自然科学方面，实际上清华理工科的本科一二年级学生，在课程数量和训练要求上不但肯定超出哈佛、芝加哥等本科生的通识自然科学要求，甚至很可能超出MIT和普林斯顿理工学院低年级学生的要求。因此，清华的通选课完全没有必要像北大等那样模仿所谓"哈佛模式"，而应将通选课的有限学分集中于发展高质量的人文社会科学核心课程。清华恢复文科以来的最重要发展目标之一是要改变单纯工科院校的形象，力图恢复老清华文理并重的风格与气质，因此，以重点发展人文社会科学核心课程来强化全校的本科通识教育，正是提升全校人文素质的最有力途径。这里重要的是不应把有限的通选课学分再作平均分配，追求华而不实的门类齐全，而应该把这些学分用在刀刃上，有针对性地集中用于发展对全校通识教育最基本的少数领域的"核心课程"上，尤其尽可能在课程教学方式上引入小班讨论和助教制度以及论文要求等实质性措施，以确保并不断提高这些核心课程的质量和声誉。我相信清华是有一定条件的，问题就在于做还是不做。一开始肯定不完善，比如哥伦比亚大学和芝加哥大学等都用了将近二十年的时间才奠定通识教育的基础，我们可能也要二十年时间，但关键是要方向正确，目标明确。